Louise PASTOURET & Pierre AMMELOOT

Fais décoller ton business grâce à Instagram

Edition Hello Sømeday

Crédits photos :

Couverture : Unsplash - Sarandy Westfall, Fa Barboza, Jess Bailey, Annie Spratt, Kelly Sikkema.

Quatrième de couverture : Aude Lemaitre.

Mise en page : Louise Pastouret.

Relecture & corrections : Pierre Ammeloot & Alexandra Bauchart.

Première édition : avril 2022.

A Jessica, pour son inspiration...

Maîtrise... et sérénité !

UNE BRÈVE HISTOIRE D'INSTAGRAM

Instagram est un réseau social créé en octobre 2010, permettant de partager des photos et des vidéos. Fin décembre, un mois plus tard, ce réseaux social compte déjà plus d'1 million d'utilisateurs !

En 2012, Facebook rachète ce réseau pour un montant faramineux : un milliard de dollars. Pourtant, on pourrait aujourd'hui parler d'une bonne affaire puisqu'en 2018, Instagram est estimé à plus de 100 milliards de dollars.

Depuis septembre 2015, Instagram a dépassé les 400 millions d'utilisateurs actifs, ce qui en fait l'un des réseaux sociaux les plus utilisés de la planète.

Pour avoir une idée du poids d'Instagram aujourd'hui, voici quelques chiffres impressionnants : en 2021, la plateforme compte plus d'1,2 milliards d'utilisateurs actifs - dont 21 millions en France.

ET TOI, DANS TOUT ÇA ?

La communication en général, et sur les réseaux sociaux en particulier, est devenue absolument incontournable pour toutes les entreprises. Qu'elles soient individuelles ou multinationales !

Aujourd'hui, tu auras beau être la ou le meilleur·e dans ton domaine, si tu n'en parles pas... personne ne le saura. C'est là qu'Instagram entre en jeu : si tu as choisi de démarrer ton activité en tant qu'entrepreneur·e, difficile de passer à côté. Car cette application ne se limite plus au partage de jolies photos, pour le loisir, auprès de ton cercle d'ami·es.

Au fil des ans, à mesure de son développement, la pateforme s'est enrichie d'outils conçus pour les professionnel·les. Ce qui est très positif pour les créateurs·trices, et toutes celles et ceux à la tête de leur business ! Instagram est donc devenu un réel atout pour développer ton activité... sous réserve de maîtriser les fonctionnalités proposées. Car cet enrichissement s'accompagne forcément d'une certaine dose de complexité.

Heureusement, rien d'insurmontable. C'est justement pour ça que ce livre, bourré de conseils stratégiques et d'astuces pratiques, se trouve entre tes mains. Il est conçu pour t'apporter de nombreuses techniques, testées et approuvées. A toi de te les approprier et d'y consacrer suffisamment de temps pour faire fructifier ton compte Instagram.

L'objectif de cet ouvrage ? T'apporter toutes les clés pour créer ton compte et faire croître ta communauté. Au fil des pages, tu apprendras à transformer des visiteurs de passage en ***followers**** engagés, puis en client·es fidèles. Puisqu'on te dit qu'Instagram peut devenir un vrai atout pour ton business !

Maintenant que tu as rejoint l'aventure, à toi d'apprendre, d'évoluer et surtout de t'amuser !

* cf. Glossaire p. 114

Au programme

Worksheet Instagram

- Avec un crayon à papier, coche les affirmations qui correspondent à tes habitudes sur Instagram.
- Compte le nombre de cases cochées pour chaque catégorie.
- Les cases non cochées et les catégories qui obtiennent le plus petit score : voici les axes à améliorer, pour faire décoller ton compte Instagram de façon professionnelle !
- Grâce à cet ouvrage, tu vas apprendre comment améliorer ton score dans chaque catégorie de l'audit.
- Une fois ta lecture terminée, reviens faire le point pour mesurer tes (nombreux) progrès !

MES OBJECTIFS SUR INSTAGRAM

*Cocher **un objectif prioritaire** et **un objectif secondaire** pour les prochains mois.*

- ☐ Attirer plus de ***followers****.
- ☐ Attirer plus de clients·es.
- ☐ Générer plus d'engagement (likes et commentaires).
- ☐ Générer plus de trafic sur mon site (blog, boutique en ligne...)
- ☐ Gagner en notoriété ou en image de marque.

MON BRANDING ... / 7

- ☐ J'utilise le même nom de marque sur tous mes réseaux.
- ☐ On comprend immédiatement ce que je vends dans ma bio.
- ☐ Ma bio est la même sur tous mes réseaux.
- ☐ Je suis capable de décrire ma marque avec 5 adjectifs sans hésiter.
- ☐ J'ai choisi mon logo.
- ☐ On reconnaît ma palette de couleurs majoritaires en regardant mon compte Instagram.
- ☐ On comprend ce que fait mon entreprise en regardant les 9 derniers ***posts**** de mon compte Instagram.

* cf. Glossaire p. 114

MON CONTENU ... / 6

☐ Mes photos ne sont pas pixellisées et sont de bonne qualité.

☐ Je teste tous les formats proposés (***Reel*, carrousel*, story****...)

☐ Je n'aborde pas tous les jours la même thématique sur Instagram.

☐ Mes contenus sont variés (je ne poste pas que des selfies)

☐ Si je ne poste pas mes propres contenus, je m'assure qu'ils soient libres de droits ou que j'ai obtenu l'accord de leur propriétaire.

☐ Mon contenu est en accord avec les valeurs de mon entreprise.

MES RÉSULTATS ... / 5

☐ Je sais lire toutes les statistiques proposées sur un compte pro.

☐ Je sais analyser les publications qui fonctionnent moins bien.

☐ Je sais analyser les publications qui marchent très bien.

☐ Je gagne de nouveaux followers chaque semaine grâce à ma stratégie sur Instagram.

☐ Je reçois des demandes de collaborations professionnelles en ***DM****

* cf. Glossaire p. 114

MON AUDIENCE ... / 6

- ☐ Je reçois de plus en plus de likes sur mes publications.
- ☐ Je reçois de plus en plus de commentaires sur mes publications.
- ☐ Mes followers réagissent de plus en plus à mes stories.
- ☐ Je m'intéresse à mes followers en intéragissant avec leurs publications.
- ☐ Parfois, dans mes stories, je repartage leurs publications / je les mentionne.
- ☐ Je sais qui sont mes followers les plus actifs et engagés.

MES HASHTAGS ... / 6

- ☐ J'insère des hashtages dans chacune de mes publications.
- ☐ Je mets des hashtags dans la légende et non en commentaire.
- ☐ Je choisis mes hastags pour cibler au mieux mon audience idéale.
- ☐ Je varie les hashtags que j'utilise à chaque publication.
- ☐ J'utilise des hashtags dans mes stories.
- ☐ J'interagis régulièrement sur Instagram avec les comptes qui utilisent les hashtags de mon secteur.

MES HABITUDES ... / 6

- ☐ Je ne laisse pas mon compte Instagram sans activité pendant plusieurs jours.
- ☐ Je publie très régulièrement - voire même chaque jour.
- ☐ Je planifie à l'avance mes publications sur Instagram.
- ☐ J'ai élaboré une routine quotidienne pour activer mon Instagram (follow, likes, commentaires...)
- ☐ Je ne laisse pas mes DMs sans réponse plus de 2 ou 3 jours.
- ☐ Je me renseigne régulièrement sur Instagram et ses nouveautés.

MES OUTILS ... / 6

- ☐ Je retouche mes photos / mes publications avec cohérence grâce à des outils dédiés.
- ☐ J'utilise des outils / applications pour connaître toutes mes statistiques Instagram.
- ☐ J'utilise des outils / applications pour programmer mes contenus à l'avance.
- ☐ J'utilise des outils / applications pour travailler avec des influenceurs·ses.
- ☐ J'utilise des outils / applications pour bien choisir mes hashtags.
- ☐ J'utilise Instagram Ads pour booster ma visibilité.

Maintenant, à toi de jouer...

Bonne découverte !

Etre présent·e sur Instagram

Ça y est ! Tu as choisi ton nom d'utilisateur·trice, sélectionné ta première photo de profil, suivi les comptes de tes ami·es. Maintenant, tu n'as qu'une envie : publier ton premier ***post**** *pour commencer à constituer ta* ***grille**** *! Pour bien démarrer, prend le temps de répondre à ces quelques questions.*

PAR OÙ COMMENCER ?

La worksheet Instagram que tu viens de remplir est conçue pour t'aider à y voir plus clair, et à déterminer tes objectifs prioritaires pour les prochaines semaines.

Tu veux atteindre tous ces objectifs simultanément ? Ne sois pas trop pressé·e : tu ne pourras tout faire en même temps. Par exemple, difficile d'atteindre 10 000 followers tout en prospectant de nouveaux client·es alors que tu démarres à peine ton compte. D'ailleurs, pas besoin de 10 000 followers pour booker tes premiers clients (et faire bouillir la marmite).

Avant de te lancer, voici une liste de questions à te poser pour avancer sur le fond et déterminer quelles seront tes premières actions sur Instagram. Installe-toi dans un endroit calme et prend le temps d'y répondre de manière aussi complète que possible. Cette réflexion préparatoire te simplifiera grandement la vie par la suite : ça vaut le coup de le faire sérieusement !

* cf. Glossaire p. 114

- Quelles sont tes valeurs ?

Ex. : l'énergie, la bienveillance, la spontanéité...

- Qu'est-ce qui t'inspire ?

Ex. : la beauté d'une musique, la persévérance d'un·e ami·e...

- Qu'est-ce qui te différencie des autres utilisateurs·trices d'Instagram exerçant dans le même domaine d'activité que toi ?

Ex. : ma touche d'humour, mon talent de conteur·teuse...

- Quelles sont tes forces ?

Ex. : ma capacité à rebondir face aux imprévus, ma patience...

- Quels sont les sujets que tu as envie d'aborder avec ton audience ?

Ex. : mon quotidien, mes produits, mes astuces, ma vision du monde...

- Quelle histoire as-tu envie de raconter au sujet de ton entreprise ?

Ex. : mon parcours d'entrepreneur·e au quotidien, mes motivations...

- Quelle expérience voudrais-tu faire vivre aux personnes qui regardent tes photos / tes vidéos ?

Ex. : je veux leur montrer qu'une reconversion est possible, je veux leur apprendre plein d'astuces, je veux les faire rêver.....

Conserve tes réponses à portée de main, pour pouvoir les consulter quand tu en auras besoin. Elles te guideront pour créer un compte cohérent, attirant et qui te ressemble ! Avec le temps, ces réponses seront sûrement amenées à évoluer. C'est tout à fait normal. Pourquoi ne pas refaire le point à la fin de ta première année sur Instagram ?

N'aie plus peur
de dévoiler qui tu es

L'algorithme décrypté

Impossible de parler d'Instagram sans mentionner son fameux algorithme. Celui qui fait rêver (ou trembler) les créateurs·trices de contenus sur la plateforme. Comment fonctionne-t-il ? Comment répondre à ses exigences ? Et suivre ses évolutions au fil du temps ? Tant de mystères à percer.

L'algorithme, c'est l'ensemble des règles qui permettent à Instagram d'optimiser l'affichage des publications sur le fil d'actualité et le moteur de recherche de la plateforme. En gros, l'algorithme est une méthode de calcul créée par Instagram : celle-ci décide ce qu'un·e utilisateur·trice de la plateforme va voir en premier dans son ***feed****. D'où la question que tout le monde se pose : comment fonctionne l'algorithme d'Instagram ?

Première chose à savoir : on estime que 15% de tes abonné·es seulement voient tes publications remonter sur leur fil d'actualité. Autrement dit, si tu as 100 followers, tu peux espérer toucher 15 utilisateurs. Si tu en as 10.000, tu touches en moyenne 1.500 abonné·es. C'est peu ! Et tout cela est en lien avec l'algorithme d'Instagram, qui prend en compte 3 facteurs : l'intérêt, la chronologie et la relation.

L'INTÉRÊT

Instagram détermine si tu es intéressé·e par un type spécifique de publication en regardant combien de fois tu t'es engagé·e avec des publications similaires par le passé (sachant qu'engagement = likes, commentaires, partages et enregistrements).

* cf. Glossaire p. 114

Traduction : plus tes abonnés likent, partagent et commentent tes publications, plus ils te voient chaque fois qu'ils ouvrent leur application.

LA CHRONOLOGIE

Instagram se base aussi sur la date à laquelle une image ou une vidéo a été publiée. En effet tu verras souvent des publications récentes affichées !

Traduction : plus tu publies du contenu récent, plus tu gagnes des chances de générer du trafic.

LA RELATION

Instagram détermine le degré de proximité entre ton compte et un·e abonné·e en fonction de la fréquence avec laquelle tu interagis avec lui/elle. L'algorithme prend en compte à la fois les interactions communes (les likes, les commentaires échangés...) et les messages directs.

Traduction : plus tu as d'affinités mutuelles avec un·e autre abonné·e, plus vous verrez vos publications respectives en priorité sur Instagram.

D'autres critères à connaître pour être mis·e en avant :

- L'engagement que génèrent tes publications dans les heures qui suivent leur publication.
- Le nombre de fois où ton contenu a été enregistré par tes followers.
- La régularité de tes publications : publies-tu des contenus de façon régulière, ou y a-t-il des interruptions ?
- La croissance de ton compte.

Le pilotage automatique,
c'est confortable.
Mais parfois, il faut aussi
savoir reprendre la main...

L'ALGORITHME... OU LES ALGORITHMES ?

En fait, il n'y a pas UN mais DES algorithmes sur Instagram. L'un se concentre sur le feed, un autre sur la rubrique Explorer, un troisième sur les ***Reels****, etc. Cependant, tous ont un objectif en commun : proposer à chaque utilisateur·trice de la plateforme des contenus susceptibles de l'intéresser. Un vrai travail de curation sur-mesure... pour faire en sorte que tu passes le plus de temps possible sur l'appli.

Plus ces algorithmes "pensent" qu'un certain type de contenus te plaît, plus tu en verras sur ton fil d'actualité. Tout dépend de la manière dont tu te sers d'Instagram au quotidien. Tes contenus et la fréquence à laquelle tu les publies sont évidemment pris en compte. Mais ce n'est pas tout, car les algorithmes s'intéressent aussi :

- Aux comptes que tu choisis de suivre.
- A tes formats favoris : tu aimes consulter les derniers posts sur ton feed ? Découvrir les dernières stories de tes comptes préférés ? Regarder des Reels ?
- Aux sujets qui te plaisent : quelles thématiques consultes-tu / recherches-tu régulièrement ?
- A ta manière d'interagir avec les publications : plutôt like ou commentaire ? Repartages-tu souvent des posts en ***story**** ?

C'est donc toi qui façonnes ton compte jour après jour. D'ailleurs, si tu fais partie des utilisateurs·trices qui possèdent un compte professionnel et un compte personnel, tu as dû constater la différence ! Sur Instagram, mieux vaut séparer le business et les loisirs, histoire que les algorithmes ne s'emmêlent pas les pinceaux.

* cf. Glossaire p. 114

Trouver ta cible

Voici un sujet central qui intéressera celles et ceux qui se lancent sur Instagram, mais pas seulement. Si tu as lancé ton compte depuis un moment et que tu as construit une communauté, c'est un point sur lequel tu dois rester vigilant·e. En effet, ton activité peut évoluer... et ta cible aussi !

Avant de te précipiter sur le bouton **Publier**, il est indispensable de prendre un moment pour identifier les personnes que tu souhaites toucher grâce à ton compte Instagram. L'objectif : maximiser les chances que ton message soit reçu par les bons lecteurs. Et qu'il éveille leur intérêt !

Voici 5 questions très concrètes que tu peux te poser pour y parvenir. Réponds-y de manière très détaillée, en imaginant précisément ton lecteur idéal.

- A qui s'adresse mon produit, mon service, mon univers ?

Ex. : des étudiant·es étranger·es séjournant en France, des passionné·es d'escalade, des street-artistes...

- Quelles sont les préoccupations de ma cible au quotidien ?

Ex. : arrêter de perdre du temps avec des démarches administratives...

- De quoi manque mon audience ?

Ex. : d'informations claires, d'inspiration, de soutien...

- Qu'attend t-elle de mes publications ?

Ex. : des astuces concrètes pour équilibrer vie professionnellle & vie privée...

- Quels sont les points forts que je dois mettre en avant pour la rassurer, et gagner sa confiance ?

Ex. : ma capacité à rester à l'affût des nouvelles tendances...

N'en doute jamais :
ce que tu fais est important
et le monde a besoin de toi

Tu verras : trouver de quoi parler sur Instagram - et comment en parler - deviendra beaucoup plus facile pour toi !

Cet exercice t'apprend également à te différencier. Quels que soient les produits et les services que tu offres, ta manière de répondre à chacune de ces questions est unique.

Par la suite, pour rester à l'écoute des opportunités et vérifier que tu t'adresses toujours à la bonne cible, voici un check-up à réaliser de temps en temps (tous les 3 mois, par exemple).

Prends le temps de (re)définir les besoins / envies / rêves de ta cible. Un focus sur les attentes réelles de tes prospects te fera repartir sur de bonnes bases. C'est une manière de faire le plein de nouvelles idées pour orienter ta communication sur Instagram, et apporter une réponse adaptée à ta cible. Rien de tel qu'un retour aux fondamentaux. Surtout si tu ne sais plus trop quoi publier en ce moment...

En pratique, tu peux :

- Etudier les comptes de tes prospects potentiels.
- Faire de la veille sur les contenus proposés par tes concurrents pour observer ce qui fonctionne le mieux.
- Proposer des sondages / questions ouvertes en story, pour identifier les préoccupations de tes followers.

Une organisation au top

En trouvant une organisation qui te convient, parce qu'elle correspond à ton quotidien, les difficultés et pertes de temps disparaîtront progressivement. Une fois ta routine installée, même les imprévus seront plus faciles à gérer. Alors adopte des habitudes qui t'aideront à rester serein·e sur Instagram en toutes circonstances !

Concevoir une stratégie de communication sur Instagram, savoir de quoi parler, travailler sur tes posts et tes stories, et imaginer à chaque fois un appel à l'action : ça ne se fait pas d'un coup de baguette magique.

C'est un véritable travail qui demande de l'organisation, de la motivation et surtout du temps. Problème : cette ressource précieuse nous file entre les doigts… impossible d'en mettre de côté pour plus tard. La solution ? Mettre en place une organisation spécialement dédiée à ton compte Instagram.

Premier réflexe : liste toutes les tâches à accomplir sur Instagram pour évaluer le temps que tu consacres réellement à chacune. Pour cela, tu peux utiliser la page ci-contre.

On a tou·tes tendance à sous-estimer la durée passée sur l'appli. Peut-être que tu prends plus de temps que prévu pour retoucher tes photos, ou répondre aux commentaires ?

Voici par exemple quelques-unes des tâches à réaliser, et le temps nécessaire pour les mener à bien :

- *Faire de la veille pour rester constamment à jour sur les nouveautés Instagram : 45 minutes par jour.*
- *Répondre aux* ***DM**** *reçus : 30 minutes par jour.*
- *Tenir à jour la liste des hashtags utilisés dans les publications : 1 heure par mois.*

A toi de dresser la liste des tâches à accomplir sur ton compte Instagram :

* cf. Glossaire p. 114

Parmi ces tâches, il y en a probablement certaines que tu apprécies plus que d'autres. Repère dès maintenant tes forces et tes faiblesses. Que sais-tu faire rapidement et efficacement (ou pas) ? Par exemple : même si tu sais que c'est important, tu détestes travailler sur tes hashtags. Par contre, tu interagis facilement et régulièrement avec d'autres comptes.

Une fois que c'est plus clair, prends ton agenda et réserve des créneaux exclusivement consacrés à ton travail sur Instagram. Sinon c'est facile d'oublier, de s'occuper d'autre chose... et quand vient le moment de poster, te voilà pris.e au dépourvu.

En faisant face objectivement au travail qui t'attend, tu seras capable d'amener ton compte Instagram exactement là où tu veux... grâce à une vision claire de ton emploi du temps.

- A tester -

Connais-tu le batching ? C'est une méthode qui consiste à traiter par lots les tâches à accomplir. Concrètement : tu te fixes un moment pour réfléchir à tous tes contenus Instagram, les créer et les planifier pour le mois à venir. Une fois que ce travail est achevé, te voilà tranquille pendant un bon moment ! Adieu la culpabilité et la panique face aux imprévus... bonjour l'organisation efficace et la sérénité ! Voici 3 étapes pour changer ton rapport quotidien à Instagram.

- Trouve des sources d'inspiration : c'est une habitude à prendre au fil des jours (commence par y passer 30 minutes au quotidien). Un livre, un plat, une conversation intéressante : active le mode journaliste et enregistre tout. Photos, notes, vidéos... rassemble toutes les bonnes idées que tu pourrais exploiter sur Instagram. Tu peux aussi créer tes propres images ou vidéos si besoin.

- Quelques semaines plus tard, il est temps d'ouvrir ta boîte à idées pour faire l'inventaire de tout ce que tu as mis dedans. L'objectif : trier les idées, et choisir celles que tu préfères. Ensuite, tu peux ouvrir ton calendrier éditorial pour y noter chacun des contenus que tu as gardés. Ainsi, tu retrouveras facilement ce que tu as prévu de publier sur Instagram, pour chaque jour du mois. En tout, compte bien 1 à 2 heures pour ces tâches.

- Enfin, tu peux passer à la programmation de tes contenus : retouche tous tes visuels, rédige tous tes textes et sélectionne tous tes hashtags ! Si tu fatigues, tu as le droit d'enregistrer tes futures publications pour y revenir plus tard. Selon ta rapidité, la complexité de tes contenus, les formats prévus... réserve-toi entre une demi-journée et 2 jours dans ton agenda.

En prenant l'habitude de batcher tous tes contenus pour le mois suivant, tu te libères du temps et de l'espace mental... au lieu de publier constamment dans l'urgence.

Planifier tes contenus, c'est comme l'hygiène de vie : de bonnes habitudes... pas toujours évidentes à adopter. Mais au fil des mois, les résultats sont là. Tu ne voudras plus faire machine arrière !

Planifier permet d'éviter l'improvisation sans filet. Tu sais, ce post créé en urgence le lundi matin, après un week-end consacré à faire la fête... en général (sauf éclair d'inspiration exceptionnel) ce ne sont pas les meilleurs. Sans compter le stress que tu t'infliges. Te mettre la pression en dernière minute pour publier absolument, parce que tu veux montrer à ta communauté que tu es présent·e... cela t'évitera de considérer Instagram comme une corvée, mais plutôt comme une opportunité !

Planifier te permet de tout prévoir, et de rester zen. En effet, ce système ne signifie pas seulement avoir une vague idée de ce que tu vas publier la semaine prochaine. Une bonne planification a pour objectif d'anticiper tous les aspects de tes publications. Les visuels, les textes, les sons (voix, musique...). Mais aussi la date et l'heure de la publication, ainsi que la ou les plateforme(s) où paraîtront tes contenus. L'idéal étant d'utiliser un outil de programmation, puisque celui-ci publie automatiquement tes contenus sur ton compte. Enfin, en prévoyant environ un mois de contenus à l'avance, tu t'assures de rester serein·e et de gérer au mieux les périodes les plus chargées (rentrée, Noël, fête des mères...).

Et ce n'est pas tout : planifier rime aussi avec... spontanéité ! Un planning de publication bien cadré t'offre la liberté d'esprit pour créer des « contenus minute » dès que tu en as envie - et pas parce que tu te sens obligé·e de le faire, faute d'alternative. Grâce à cette base bien établie, tu pourras aussi te lâcher davantage sur le moment : une story improvisée, un ***Live**** pour partager un bon moment avec tes followers...

* cf. Glossaire p. 114

Toutes les bonnes raisons pour planifier tes contenus

PROTÉGER TON TEMPS

Tu te sers d'Instagram dans un but professionnel ? Tu en as sûrement fait l'expérience : on a parfois vite fait de se retrouver débordé·e. Et on peut y passer des heures... au détriment d'autres tâches. Alors comment fixer des limites et te protéger ? Tu peux te servir des outils disponibles directement dans l'application.

Pour commencer, tu peux mettre en pause les notifications. Une chose est sûre : quand ton smartphone vibre toutes les 5 minutes, difficile de résister à l'appel d'Instagram... alors que tu avais prévu autre chose.

En pratique : ouvre la section **Paramètres** depuis le menu de ton profil, choisis la rubrique **Notifications** et sélectionne l'option **Tout mettre en pause**. De 15 minutes à 8 heures, à toi de définir ton créneau de calme. Et si besoin, tu peux revenir désactiver cette option.

Tu peux aussi contrôler le temps que tu passes sur Instagram. Quand tu réponds à un DM, aux commentaires sur ton dernier post, ou regardes les dernières stories publiées, les minutes filent... et se transforment en heures !

En pratique : ouvre le menu en haut de ton profil et clique sur **Votre activité**. Dans l'onglet **Temps,** tu peux consulter le temps effectivement passé sur Instagram chaque jour. Dans la rubrique **Gérer votre temps,** tu peux fixer une limite à ton temps d'utilisation de l'application. Définis un nombre d'heures maximum par jour, et Instagram t'enverra automatiquement un rappel si tu les dépasses.

- A retenir -

Culpabiliser ne t'aidera pas à avancer : parfois, on est tellement investi·es qu'on ne voit pas les heures passer. Conséquence : on consacre beaucoup plus de temps que prévu à ce réseau social. C'est normal, Instagram a été conçu pour nous faire rester le plus longtemps possible. Tu seras plus vigilant·e la prochaine fois !

PERFORMANCE ET RÉGULARITE

Voici deux exemples de routine à adopter sur Instagram :

ROUTINE 1 (à faire chaque jour) :

- Publier un post avec les hashtags appropriés.
- Poster plusieurs stories avec les hashtags appropriés.
- Commenter au minimum 20 publications ayant intégré un hashtag tendance sur ton secteur.
- Liker 20 photos de publications ayant intégré un hashtag tendance sur ton secteur.
- Liker 20 photos de tes followers.
- Suivre 20 nouveaux comptes inspirants dans ton secteur / de personnes qui pourraient être intéressées par tes services ou produits (dont 1/4 de gros influenceurs).

ROUTINE 2 :

- Commenter tous les jours 10 publications ayant intégré un hashtag tendance sur ton secteur.
- Liker quotidiennement 10 photos de tes followers.
- Suivre chaque jour 10 nouveaux comptes inspirants dans ton secteur / de personnes qui pourraient être intéressées par tes services ou produits.
- Publier une story tous les 2 jours.
- Publier 3 posts par semaine, avec des hashtags pertinents.
- Poster un Reel par semaine.
- Donner RDV à ta communauté 2 fois par mois avec un Live.

Tu n'as ni le temps ni l'envie de suivre ces routines ? Tu peux déléguer cette mission, ou adopter d'autres habitudes qui te correspondent mieux - tant que tu respectes une certaine régularité. Fixe-toi des objectifs raisonnables et atteignables. Ainsi, mieux vaut publier 2 à 3 fois par semaine pendant 1 an que de te fixer des objectifs inatteignables... et laisser tomber au bout de 3 mois.

- A retenir -

La formule à conserver dans un coin : générer du trafic + captiver une audience ciblée + créer une relation spéciale entre tes followers et ta marque = mettre en place une discipline quotidienne.

Si c'était exactement
ce qu'il te fallait…
pour décoller sur Insta ?

Veille et inspiration

Il n'est pas toujours évident de trouver constamment des nouveaux sujets pour tes publications sur Instagram, surtout si tu respectes un rythme assez soutenu ! Heureusement, il est possible de t'organiser pour trouver des sources d'inspiration et éviter le syndrome de la page blanche.

Identifie les références dans ton domaine : médias spécialisés, organisations, personnes influentes. A travers différents supports (articles, vidéos, infographies...), tous t'apporteront des idées précieuses pour alimenter ton compte Instagram.

Met en place une routine quotidienne à respecter : choisis l'une de ces références et consulte son contenu pendant 15 minutes. Inspire-toi, mais sans jamais copier ! Si l'idée est trop originale pour être reformulée, rien ne t'empêche de citer son auteur·e.

Organise-toi pour retrouver ces sources facilement. Note-les sur un carnet, garde-les dans tes favoris, ou utilise une application pour les centraliser. Par exemple : ***Evernote**** et ***Trello**** sont des outils pratiques pour organiser tes notes, sur smartphone ou sur ordinateur.

---

* cf. Outils pratiques p.118

Aménage-toi un espace dédié aux idées de secours dans un coin de ton smartphone. Quand tu découvres du contenu pertinent, conserve les liens pour y accéder et prends 2 minutes pour rédiger une courte description. Tu t'y retrouveras plus facilement quand tu reviendras piocher une idée. Tu peux aussi avoir une inspiration soudaine à un moment inattendu... fixe-la tout de suite au lieu de la laisser s'échapper. Progressivement, tu te fabriqueras une réserve sur laquelle tu pourras compter dans les jours et les semaines à venir.

- A tester -

D'une manière générale, ta communauté possède souvent les réponses aux questions que tu te poses. Notamment en termes de contenus. Alors plutôt que de rester indécis·e, tourne-toi vers elle et pose-lui tes questions.

Sers-toi des stories : grâce aux *stickers (*Sondage**, *Question**...) tu peux obtenir de nombreux avis, plus ou moins détaillés.**

Crée un post : pose les questions qui te tracassent pour inciter tes followers à te répondre. En répondant à chaque personne qui t'écris un commentaire, tu montres que tu prends le point de vue de tes followers en considération.

* cf. Glossaire p. 114

Utilise les DM : envoie un message à tes followers les plus actifs. Parfait pour leur montrer que leur avis est important. En plus, s'ils s'engagent souvent sur tes posts et stories, ils peuvent t'apporter une perspective différente qui peut se révéler précieuse.

En résumé : si tu doutes sur le chemin à prendre, demande à tes followers et écoute leurs réponses. Parfois les retours ne seront pas exactement ceux que tu attendais. Mais soit ça te confirme dans tes choix... soit ça t'ouvre de nouvelles pistes !

S'INSPIRER... SANS PLAGIER

En tant que créateur·trice de contenus, tu seras souvent amené·e à rechercher de nouvelles sources d'inspiration pour trouver des idées de publications intéressantes. C'est une démarche indispensable au quotidien. Faire de la veille pour rester au courant des tendances, sur le fond comme sur la forme : c'est crucial pour proposer les contenus les plus adaptés à ton audience.

Mais parfois, la question se pose. Où se situe la limite entre inspiration et plagiat ? Entre le fait d'être séduit·e et influencé·e... et la reproduction pure et simple ?

Voici quelques pistes de réflexion :

Quoi de plus désagréable que de voir son travail repris tel quel, gratuitement, sans même être mentionné·e ? Alors dans le doute, cite ta source. Si ton contenu colle un peu trop à la création d'une autre personne, indique clairement l'origine de ton inspiration.

Tu peux t'exprimer sur une idée, même si de nombreuses personnes ont déjà donné leur point de vue dessus. Rien ne t'empêche d'avoir le même avis sur la question que quelqu'un d'autre ! Ce qui fait la différence ? Ta manière d'en parler. Les mots choisis, le format adopté : c'est ce qui rend ton contenu original et authentique.

As-tu pensé à regarder hors de nos frontières ? Si certains contenus en langue étrangère te plaisent, tu pourrais peut-être les rendre accessibles à ton audience francophone. Surtout si tu as identifié des pays plus avancés que la France dans ton domaine. Mais toujours en respectant cette limite : éviter le copier-coller pur et simple.

Quels types de contenus ?

Sur Instagram, tu as l'opportunité de raconter ton voyage... qui est aussi important que ta destination. Qu'est-ce qui te pousse à te lever chaque jour, à franchir cette étape supplémentaire pour développer ton business ?

Ton histoire personnelle, tes sources d'inspiration, la manière dont tu te relèves après un échec : si tu te demandes ce que tu vas bien pouvoir raconter sur ton compte aujourd'hui, voici quelques pistes...

Pour éviter la panne sèche ET adopter une stratégie de contenus cohérente sur le long terme, adopte la méthode des catégories. Sur Instagram, les comptes qui fonctionnent le mieux ont clairement défini leur domaine d'activité et les thèmes associés. Si tu parles à la fois de ton métier d'architecte, de tes bébés labradors et de ta passion pour le crochet, tu risques de ne toucher personne... en voulant attirer trop de monde à la fois.

Alors pour éviter de te perdre en route, commence par choisir 3 à 5 grandes catégories de contenus. En les explorant à tour de rôle sur ton compte Instagram, tu te construis un feed cohérent sur le plan thématique. Indispensable pour fédérer une communauté fidèle !

L'objectif : alterner les publications légères et celles qui sont plus institutionnelles. N'oublie pas qu'Instagram est avant tout une plateforme de divertissement pour ses utilisateurs.

Il est donc important de correspondre au profil du public présent... tout en apportant une réelle valeur ajoutée qui met en lumière ton travail, tes produits ou tes services. Les avantages de cette technique ?

- Quand tu recherches des idées de contenus, tu sais dans quelle direction te tourner. Ceci te fait gagner un temps précieux, et te permet de prévoir tes publications à l'avance.
- Fini l'angoisse de la page blanche, la crainte de t'éparpiller dans des hors-sujets (évidemment, ça ne t'empêche pas de publier un billet d'humeur de temps en temps si tu en as envie).
- Une fois tes catégories définies, il devient beaucoup plus simple d'identifier quelles publications plaisent le plus à ton audience. Et donc d'ajuster tes grandes thématiques en fonction de l'engagement qu'elles suscitent.

- A retenir -

Ton produit n'est pas parfait ? Tes services ne sont pas complètement aboutis ? Ce n'est pas grave. N'attend pas d'avoir tout réussi pour parler de tes expériences : tes erreurs et apprentissages sont tout aussi inspirants. Ton compte Instagram n'a pas besoin d'être parfait, c'est justement ce qui te rend sympathique ! Tes failles font partie de toi. Elles sont tout aussi respectables que tes réussites les plus éclatantes. C'est aussi ce qui te rend humain.e et accessible, ce qui permet aux autres de s'identifier à ce que tu as vécu.

Par exemple, tu pourrais orienter ta communication autour de 5 axes :

- **Les coulisses de ton travail :** parfait pour montrer ton activité sous un jour plus humain. Offre un aperçu des équipes avec lesquelles tu collabores, les bureaux dans lesquels tu exerces ton activité, les services que tu proposes...

- **Tes projets :** montrer certains aspects des projets sur lesquels tu travailles et communiquer sur ce qui te passionnes le plus. Tu peux mettre en avant des photos « Avant / Après » pour illustrer concrètement ton travail, publier un ***carrousel**** d'images de ton dernier projet, mettre en avant des produits que tu as conçus...

- **Des citations, témoignages, pensées :** cela te permet à la fois de dynamiser le rythme visuel de ton feed, et de mettre en avant tes compétences dans ton domaine d'activité, sans oublier tes valeurs personnelles et professionnelles. Tu peux par exemple publier les retours positifs de tes clients, partager des citations d'auteur·es contemporain·es, ou exprimer une pensée à travers un billet d'humeur. Pense bien à utiliser la même structure visuelle dans chacune de ces publications pour marquer cette thématique.

- **Tes inspirations :** partage des photos de paysages qui t'ont séduit·e, prises lors de tes balades et voyages, ou des livres qui ont nourri ta créativité... cela permet d'apporter ta sensibilité à ton compte sans devoir te mettre face à la caméra.

- **Ton intimité [optionnel] :** sans forcément tout montrer de ton quotidien, cela permet à ta communauté de se rapprocher de toi.

* cf. Glossaire p. 114

Et donc de t'accorder sa confiance, mais aussi de s'identifier à ton rythme de vie, de travail. Tu peux y mettre une photo de ton animal de compagnie, de ton bureau à la maison, d'un moment en famille... à utiliser de manière occasionnelle pour ne pas te détourner de ton objectif, à savoir : attirer de nouveaux·elles client·es.

Une fois ces catégories identifiées, il ne te reste plus qu'à organiser ton planning éditorial... en alternant ces différents types de publications.

Exprime-toi, même sur un sujet qui te paraît banal. Tu as forcément un avis sur la question, et ça tombe bien : tes followers sont curieux de savoir ce que tu en penses. De toute façon, personne n'a exactement les mêmes idées, et personne ne s'exprime de la même façon ! La limite ? Recopier mot pour mot sans citer.

Et n'oublie pas : à chacun son coeur de métier. Tu es un·e expert·e dans ton domaine, ce qui veut dire que tu as beaucoup de choses intéressantes à partager. Cela passe par des conseils et astuces de professionnels, par l'utilisation d'un vocabulaire spécialisé, par la publication d'informations fiables et sourcées. Tu peux aussi donner des exemples chiffrés, répondre factuellement aux questions des followers, mettre en avant tes produits / services de manière pédagogique.

DU CONTENU DE QUALITÉ

Si tu souhaites gagner des clients et de la visibilité sur Instagram, alors tu dois offrir à ton audience des contenus qui vont les mettre en confiance, puis les convaincre de faire appel à tes services. C'est le moment de lancer ton opération séduction pour les persuader d'acheter TES produits, au lieu d'aller les chercher ailleurs.

Dans tous les cas, tu vas proposer du contenu :

- À forte valeur ajoutée.
- Qui ne se répète pas.
- Qui parle à ton / ta client·e idéal·e.

LE CONTENU EDUCATIF

Qu'est-ce que ton audience pourrait découvrir grâce à toi et à ton entreprise ?

Avec ton compte, tes followers doivent se sentir plus compétents, mieux informés après avoir lu tes contenus. Tu connais des choses qu'ils ne maîtrisent sans doute pas encore. Et s'ils savent déjà, ils ne connaissent pas ta façon de faire et ton opinion sur la question. Or c'est ça aussi qui les intéresse !

Dès maintenant, que peux-tu enseigner ou partager de façon pédagogique à tes client·es ?

LE CONTENU INSPIRATIONNEL

Il s'agit d'un contenu travaillé autour de tes valeurs, et pas seulement autour de ton savoir et / ou ton savoir-faire. Ta mission : trouver du contenu qui va illuminer la journée de tes followers et rendre leur vie plus belle, plus agréable. Fais sourire tes futur·es client·es, aide-les à rêver, à se projeter dans une image plaisante !

Plus tu partages ton savoir,
plus le monde s'enrichit
(et toi aussi !)

Voici quelques pistes pour proposer du contenu inspirant :

- Du partage de citations.
- Des illustrations.
- Des belles photos, très graphiques.
- Des légendes orientées développement personnel...

LE CONTENU PROMOTIONNEL

Ce type de contenu est parfois :

- Négligé par peur d'être trop racoleur.
- Ou au contraire, trop utilisé par les entreprises qui ne savent pas quoi poster d'autre sur les réseaux sociaux.

Le contenu promotionnel te permet de mettre en avant tes produits et ton entreprise de façon directe. Il ne faut surtout pas omettre de lui faire une place sur Instagram, sinon tu vas passer à côté de tes futur·es client·es ! Alors comment parler de son activité sans en faire trop ?

Les entrepreneur·es qui vendent grâce à Instagram :

- Partagent des moments choisis dans leur quotidien.
- Mettent en avant leurs réalisations et leurs client·es.
- Présentent les événements qui jalonnent l'évolution de leur entreprise.
- Expliquent leurs processus / méthodologies.
- Dévoilent leurs coulisses.
- N'hésitent pas à raconter leurs difficultés (en restant positifs·ves et constructifs·ves).

Alors toi aussi, si tu veux trouver tes client·es sur la plateforme, tu peux documenter tes réalisations, nous emmener avec toi dans les événements auxquels tu participes, nous parler des gens que tu rencontres. L'authenticité est primordiale pour les personnes qui te suivent.

Cela te demandera d'avoir le réflexe de sortir ton smartphone pour prendre quelques photos, mais aussi de surmonter un éventuel manque de confiance en toi au moment de parler de ton entreprise... rassure-toi : c'est tout à fait faisable avec un peu de planification !

Et si d'autres comptes Instagram ou blogs parlent de toi, relaye la bonne nouvelle ! Ce n'est pas si compliqué, et pas si nombriliste.

Promis, c'est ce que ta communauté veut voir. Et ça fait tourner ton entreprise par la même occasion !

LE PERSONAL BRANDING

Le personal branding est une pratique qui consiste à se promouvoir soi-même, ainsi que son image et ses compétences. Ceci, par le biais des techniques habituellement utilisées pour promouvoir une marque. Dans cette démarche, l'individu vise à devenir lui-même une « marque reconnue ».

C'est un contenu essentiel. Garde en tête que sur Instagram :

- Tu obtiendras en moyenne 38% de likes en plus si un visage ou une personne apparaît à l'image.
- Tu obtiendras en moyenne 56% d'engagement en plus si tu mentionnes un·e autre abonné·e sur l'une de tes photos - par exemple en montrant ton équipe, tes collaborateurs, les personnes qui t'inspirent, tes fournisseurs, etc.

Bref, tu l'as compris : les utilisateurs d'Instagram aiment les humains. En dévoilant les coulisses de ton entreprise, des photos de toi ou de ton équipe, mais aussi des vidéos ou ta voix sur une bande son, tu crées une forme d'intimité sur la plateforme qui donne un élan incroyable à ta marque.

Rappelle-toi ceci : l'humain qui se cache derrière une entreprise est au moins aussi important que les produits et services qu'elle propose. Alors, pour inciter les utilisateurs à s'identifier à toi, ton parcours, tes valeurs ou tes objectifs, le mieux est encore de te montrer face à eux, tel·le que tu es.

Ceci est valable sur Instagram évidemment, mais pas seulement : tous les réseaux sociaux font la part belle au personal branding. T'en servir va te permettre :

- De créer une notoriété unique pour ta marque.
- D'instaurer un climat de confiance avec tes followers.
- De valoriser ton leadership, si tu le souhaites.
- D'humaniser ton entreprise à fond !

Quoi de plus satisfaisant...
que de devenir mémorable ?

- A retenir -

Que faire si tu n'as pas envie de te montrer sur Instagram, pour tout un tas de raisons ?

Eh bien, le personal branding n'est pas une obligation. Et il peut être beaucoup plus subtil que de montrer son visage sur des photos ou s'exposer en story. Tout le monde n'a pas envie ou ne se sent pas capable de parler face caméra sur les réseaux sociaux, et cela se respecte complètement.

En injectant un peu de ta personnalité dans tes posts, en rédigeant un petit à-propos présentant ton travail ou ton équipe dans les Stories à la Une, tu vas pouvoir créer ce lien d'intimité tant attendu sur la plateforme.

En rédigeant une bio unique et attractive sur Instagram, tu te démarques aussi et tu peux largement y ajouter une touche personnelle !

FOCUS SUR LES MARRONNIERS

Nous sommes nombreux·ses à rechercher du chocolat pour Pâques, un bouquet pour la fête des mères et un agenda pour la rentrée.

Traduction : ta cible est susceptible de s'intéresser de près à ces événements incontournables qui rythment l'année. Et donc, aux contenus qui y sont associés.

Ce serait dommage de ne pas en tenir compte dans ta stratégie de contenus sur Instagram. Alors intègre ces marronniers (c'est le terme utilisé par les journalistes) dans ton calendrier éditorial. En prenant la parole à l'occasion de ces dates importantes, tu t'inscris dans les tendances du moment.

Comment t'y retrouver facilement ? Certains organismes éditent chaque année leur propre calendrier de marronniers. Parfois, ils sont même disponibles en ligne gratuitement (si on devait n'en retenir qu'un, ce serait celui du ***Blog du Modérateur****, toujours très complet). Ces supports bien pratiques te permettent de visualiser rapidement les dates importantes des mois à venir.

Pour réussir ton coup, reste quand même vigilant·e sur ces 2 points :

- Un marronnier, c'est aussi une quantité considérable de publications sur le même thème, au même moment. S'inscrire dans la tendance, c'est bien. Savoir en jouer pour se démarquer, c'est mieux. A toi de trouver une manière originale d'utiliser ces thèmes un peu clichés pour mettre en avant ton business. Si c'est bien fait, tu en sortiras gagnant·e !

- L'erreur du débutant ? Vouloir communiquer sur toutes les dates du calendrier. Les marronniers sont des sources d'inspiration intéressantes, c'est certain. Mais ces événements doivent avoir un rapport avec ton domaine d'activité. Si ce n'est pas pertinent, inutile de vouloir en parler à tout prix... au risque de te retrouver à côté de la plaque.

* cf. Outils pratiques p.118

FAIRE DU NEUF AVEC DU VIEUX

Tu as l'impression d'être toujours à la course pour créer de nouveaux contenus ? On le sait bien : la régularité est primordiale pour attirer (et retenir !) les followers sur Instagram. Tu peux donc vite te mettre la pression pour publier... mais parfois les idées ne se bousculent pas.

Face à la page blanche, organise une grande opération recyclage ! L'avantage de cette technique ? Des bénéfices évidents en cas de panne d'inspiration, mais pas seulement.

Car lorsque tu publies une photo, une vidéo, un texte... une fraction seulement de ta communauté en prend connaissance. Par exemple si tes followers consultent Instagram tous les 2 jours alors que tu postes quotidiennement, ou s'ils visitent uniquement ton compte Instagram alors que tu viens de publier un article sur ton site.

Tu peux aussi gagner du temps : remixer un contenu déjà mis au point demande moins de travail qu'une création complètement nouvelle.

Comment choisir les contenus qui peuvent être réutilisés ?

Privilégie des publications suffisamment générales, susceptibles d'intéresser les visiteurs quelle que soit la plateforme (site, chaîne YouTube, réseaux sociaux, plateforme de diffusion de podcasts, newsletter). Elles sont aussi plus faciles à mettre à jour avec des informations récentes qu'un post spécialisé qui s'adresse à une communauté de niche.

Tu peux aussi te fier à tes statistiques : un contenu qui a suscité beaucoup de réactions mérite certainement d'être partagé à nouveau, sous une nouvelle forme. Par exemple si l'un de tes posts Instagram a cartonné, pourquoi ne pas le remixer en infographie, ou sous forme de story ? En capitalisant sur les publications qui ont rencontré du succès, tu en maximises les effets !

En pratique, voici les formes que cela peut prendre sur ton compte :

- Un changement de support : reprends les idées-clés de ton meilleur post pour en faire une story. Ou inversement, réutilise une story qui a bien fonctionné pour en faire un post détaillé.
- Une nouvelle perspective, ou une actualisation des informations : approfondis ou remets à jour l'un de tes sujets de prédilection dans une nouvelle publication.
- Un format qui cartonne : un « Avant / Après ». C'est idéal pour mesurer les progrès accomplis. L'effet est garanti auprès de ta communauté, qui apprécie ce type de contenus.
- Tu publies des articles sur ton blog, tu envoies des conseils dans ta newsletter ? Pense à les relayer sur ton compte Instagram.

Moralité : recycle tes contenus sans complexe ! Cette technique est un joker intéressant qui peut te sauver la mise si tu es à court d'idées pour ta prochaine publication.

Une bio attractive

Ces lignes de texte en haut de ton compte peuvent te paraître anodines. Après tout ce ne sont que 150 petits caractères, ce n'est pas ça qui intéresse vraiment les visiteurs ? Et pourtant, si : c'est la carte d'identité de ta marque. Ta bio permet de se faire une idée de ton compte en l'espace de quelques secondes. Et tu sais ce qu'on dit sur les premières impressions !

Voici la recette à suivre pour une bio parfaite :

1. Présente ton activité de manière simple et claire. Surtout, ne parle pas seulement de toi : explique clairement ce que tu apportes à tes client·es.
Entre « Agent immobilier à Paris » et « Trouve l'appartement de tes rêves en plein cœur de la capitale », la 2e formulation est carrément plus attractive !

Notre formule pour une bio qui cartonne :

- J'aide (qui ?) à (réaliser quels objectifs ?) grâce à (les moyens que j'utilise).
- Je (description de mon activité) pour (qui) afin de (description de la promesse faite à mon audience).

Par exemple : « j'aide les femmes à se reconnecter à leur puissance intérieure grâce au yoga ».

2. Donne un nom significatif à ton profil. Différent de ton nom d'utilisateur·trice, c'est l'équivalent d'un titre pour ta bio : ne zappe pas cette opportunité de placer un ou plusieurs mots-clés qui te définissent.

3. Choisis bien ton lien. Définis celui que tu veux mettre en avant en fonction de tes objectifs : plus de trafic sur ta boutique en ligne, d'inscriptions à ta newsletter, etc. En mettant en place un aimant à prospects, ou un tunnel de vente sur le web, l'essentiel de ta clientèle démarrera son expérience dans ton entreprise par là. Propose donc un seul lien prioritaire : celui de ta page d'atterrissage principale.

- A tester -

Des outils de type *Linktree (gratuit) te permettent de présenter tous les liens nécessaires pour découvrir tes offres, et mieux connaître ton entreprise. Tu peux y ajouter :**

- **Une offre de produits ou de services.**
- **Un article de blog, un podcast.**
- **Tes autres réseaux sociaux (Linkedin, Facebook).**
- **Une offre promotionnelle en cours.**
- **Ton calendrier en ligne pour prendre un RDV.**

En résumé, tout ce qui te paraît intéressant pour communiquer. Mais attention à ne pas surcharger ton Linktree. Pense à tes priorités : tout le monde ne va pas cliquer sur tout ! Alors ne dépasse pas 3 ou 4 liens.

* cf. Outils pratiques p.118

4. Accompagne ce lien d'un appel à l'action. En expliquant ce qu'ils ont à y gagner, tu incites davantage tes visiteurs à cliquer dessus. A mettre à jour en fonction de tes actus, promos du moment...

5. Pour finir, saupoudre ta bio d'emojis. Rien de tel pour y apporter une touche plus visuelle et sympathique !

- A tester -

L'astuce pour mettre en forme ta bio : dans un document Word (ou une note sur ton smartphone), fais un copier-coller pour pouvoir sauter proprement des lignes, ce qui n'est pas encore possible sur Instagram.

Voici un exercice pour trouver la meilleure façon de présenter ton activité sur Instagram, et ce que tu apportes à quiconque voudrait bosser avec toi.

A toi de compléter les phrases suivantes :

- Mon entreprise aide ses client.es à :

Ex : déterminer clairement leurs objectifs de remise en forme, et les tenir !

- Mon / ma client.e idéal·e est inspiré·e par :

Ex. : les entrepreneur·es capables d'équilibrer leur travail et leur vie privée.

- Si mon entreprise gagnait un prix, ce serait le prix :

Ex. : des petites attentions offertes à mes client·es.

- Le super pouvoir de mon entreprise, c'est :

Ex. : de redonner la pêche aux parents débordées !

- Le meilleur compliment qu'un·e client·e puisse me faire au sujet de notre collaboration, c'est que :

Ex. : mes produits et mes conseils lui ont fait gagner un temps fou.

L'aspect visuel de ton compte

*Les nouveaux visiteurs mettent moins d'une seconde à percevoir l'ambiance générale de ta **grille*** et à décider s'ils vont rester. Un mot à retenir : l'harmonie. Ces quelques astuces devraient t'aider à construire un compte agréable à l'oeil !*

UN ENSEMBLE COHÉRENT

À FAIRE : l'essentiel, c'est de rester visuellement cohérent·e au fil de tes posts. Tu craques pour les tons pastel ou tu adores le noir et blanc ? Un seul mot : fonce ! Si tu peux toujours compter sur le même appareil photo ou smartphone pour tes prises de vue, c'est déjà une bonne base.

À ÉVITER : quoi qu'il arrive, évite de craquer pour une jolie photo qui casse complètement ta grille. Heureusement, pour éviter tout faux-pas, il existe des outils pour la prévisualiser en amont. Par exemple tu peux regarder ce que propose ***Later****, un outil de planification de posts Instagram très pratique car il te permet de visualiser en avance ce que l'ensemble va donner sur ton profil.

LA LUMIÈRE

À FAIRE : les filtres te permettent d'appliquer facilement une ambiance spécifique sur des images différentes. En fonction de tes besoins, tu peux les utiliser avec parcimonie... ou bien ne plus t'en passer !

* cf. Outils pratiques p.118

L'important : en choisir un (ou deux, maximum) pour obtenir un ensemble harmonieux.

À ÉVITER : faire l'impasse sur la lumière, surtout si tu prends toi-même tes photos. Sois attentif à la luminosité, par exemple en recréant les mêmes conditions d'éclairage d'un shooting à l'autre.

LES COULEURS

À FAIRE : opte pour deux ou trois couleurs dominantes. Si tu te retrouves en panne d'inspiration, teste Design Seeds : cet outil en ligne gratuit te permettra de trouver des nuances qui s'accordent bien ensemble.

À ÉVITER : ne te sens pas bloqué.e pour autant dans cet univers jusqu'à la fin des temps... tu peux parfaitement faire évoluer l'ambiance de ton compte avec une transition en douceur, sur 6 ou 9 photos.

- A retenir -

Harmonie et cohérence : voilà ce que tu dois garder en tête. Pour que ta grille soit lisible, évite un trop grand mélange des styles. Si tu adores le fluo, n'hésite plus ! Mais il va falloir t'y tenir...

Si jamais tu doutes, rappelle-toi qu'il vaut mieux rester sobre qu'en faire trop. D'ailleurs, certains comptes minimalistes ont su trouver leur audience sur Instagram.

Bon à savoir : les visages et les animaux sont particulièrement appréciés sur Instagram. Mal à l'aise avec les selfies ? Alors prends d'autres personnes en photo (avec leur accord bien sûr) ! Ou sélectionne une belle image gratuite et libre de droits sur un site comme ***Pixabay*, Librestock*, Unsplash**** ou encore ***UnDraw****.

Ton compte Instagram, c'est un peu comme une oeuvre. Ton audience reconnaît ta "patte", ton empreinte, et te suit parce que tu as un compte aussi beau qu'intéressant.

- Bon à savoir -

Tu peux jouer avec les couleurs pour rendre ta marque immédiatement identifiable. C'est vieux comme le monde mais ça fonctionne toujours aussi bien ! Chaque couleur a sa signification : le rouge attire l'œil et provoque un sentiment d'urgence. Le bleu est une couleur apaisante, qui crée un climat de confiance. L'orange est une couleur dynamique, qui diffuse de l'énergie. Quant au vert, couleur de la nature, il permet de créer une ambiance sereine.

La différence entre Instagram et les autres réseaux sociaux ? Un compte basé sur une galerie en perpétuelle construction. C'est la première chose qu'un visiteur perçoit quand il découvre ton profil. Il est donc primordial de bien sélectionner les couleurs principales de ta grille !

* cf. Outils pratiques p.118

Pour cela, tu peux exploiter les couleurs de ta marque, si tu as déjà défini ton identité graphique. Par exemple, la couleur dominante de ton logo est un bon point de départ.

As-tu pensé à créer un ***moodboard**** (papier ou digital) ? Une bonne piste pour définir les couleurs en lien avec : ton activité, tes valeurs, ta vision, tes missions. C'est un exercice vraiment intéressant à réaliser, qui peut parfois venir bousculer tes idées préconçues, t'ouvrir de nouvelles possibilités en termes d'identité visuelle.

En général, 3 couleurs suffisent. Une fois que tu les as trouvées, définis la tonalité de ta grille. Du pastel au flashy, du clair au foncé : à toi de choisir quelle ambiance correspond le mieux à ta marque.

- A tester -

Deux outils bien pratiques te permettent d'extraire des palettes de couleurs à partir d'une simple photo :

- ***Canva**** **et son Color Palette Generator, qui extrait les 4 couleurs principales du visuel de ton choix.**
- ***Adobe Colors*****, un outil en ligne qui te propose 5 palettes de 5 couleurs à partir d'une même photo.**

Les deux sont gratuits et t'indiquent le code hexadécimal de chaque couleur pour pouvoir les retrouver précisément.

* cf. Glossaire p. 114
& Outils pratiques p.118

L'exercice n'est pas réservé à celles et ceux qui se lancent sur Instagram. Tu as le droit de faire évoluer ta grille si elle n'est plus en phase avec ta cible ou tes produits / services !

Les marques qui attirent des abonnés et leurs clients idéaux sur Instagram ont défini un thème visuel harmonieux sur leur compte. Certains peuvent se satisfaire de photos postées "à l'arrache" et sans retouches... un compte professionnel, non. Le niveau visuel a gagné en standing depuis quelques années. Les attentes des abonné·es sont de plus en plus grandes à ce sujet.

- A tester -

Voici quelques pistes pour créer ta propre banque d'images :

- **Tu peux prendre tes photos toi-même.**
- **Créer des visuels avec *Canva** ou *GoDaddy Studio**.**
- **Télécharger des visuels sur des banques d'images gratuites et libres de droits, comme *Unsplash** ou *Pixabay**.**
- **Acheter des photos de banques d'images payantes, comme *Adobe Stock**.**
- **Reposter les visuels publiés par d'autres comptes, en demandant au préalable leur autorisation et en les mentionnant dans ta publication.**
- **Faire appel à un·e photographe professionnel·le.**

* cf. Outils pratiques p.118

5 questions à te poser pour définir ton thème graphique sur Instagram :

- Comment peux-tu décrire ton entreprise en une seule phrase ?

Ex. : J'aide les entrepreneur·es à trouver leurs client·es sur Instagram.

- Choisis 5 adjectifs pour décrire ton entreprise.

Ex. : éthique, pédagogique, inspirant, bienveillant, professionnel…

- Quels éléments esthétiques représentent ton entreprise ?

Ex. : plantes, ordinateurs, carnets, fonds blancs, paysages…

- Cite 3 à 5 émotions que tu veux faire éprouver à tes followers.

Ex. : gratitude, joie, boost de motivation…

- Et enfin, quels sont les comptes Instagram qui t'inspirent au quotidien pour ton entreprise ?

Optimiser le texte de tes posts

Instagram, LE réseau social de l'image ? Oui, complètement. Mais comme tu l'as sûrement constaté, les légendes s'allongent. Les textes, souvent zappés il y a quelques années, font maintenant l'objet d'une attention particulière. Un équilibre s'établit entre les mots et les images, alors voici quelques conseils pour soigner tes légendes.

- Bon à savoir -

Une légende (hashtags compris) peut compter jusqu'à 2200 caractères, soit environ 350 mots. C'est l'équivalent d'un court article de blog.

De manière générale, les légendes deviennent de plus en plus longues sur Instagram. C'est une tendance de fond : en moyenne, la longueur des textes a doublé entre 2016 et 2020. Notamment parce qu'une légende détaillée invite davantage tes followers à commenter et à échanger, par opposition à une petite phrase laconique.

- **Profite au maximum de l'espace qui t'es offert pour t'exprimer :** avec 2200 caractères, tu peux raconter tout ce que tu souhaites (quitte à diviser ton texte en 2 ou 3 posts pour plus de suspense, et de contenu).

- **Soigne les premières lignes de tes posts :** n'oublie pas que tes légendes sont tronquées au-delà des 125 premiers caractères. Alors fais en sorte qu'elles comptent ! Tu peux attirer l'attention avec des emojis, des majuscules... à toi de voir ce qui marche le mieux.

- **Aère tes textes :** personne n'a envie de lire un gros pavé bien compact. Tu peux piocher parmi les nombreux emojis à ta disposition pour rendre ton texte plus visuel, plus vivant à lire. Tu veux sauter des lignes ? Utilise ***Text Spacer****, un outil gratuit.

- **Quand tu écris, implique-toi :** un « je » ou « tu » provoque une impression de proximité engageante. Utilise un langage clair et précis : sur Instagram, pas besoin d'épater la galerie avec des formules littéraires élaborées. Ce qui ne t'empêche pas, dans un domaine spécialisé, d'employer les mots propres à ton activité.

- A retenir -

Des légendes plus longues te permettent de retenir les visiteurs plus longtemps sur tes publications. Et comme Instagram mesure tout, c'est aussi un signe de leur qualité.

* cf. Outils pratiques p.118

- A tester -

Commence par écrire comme tu t'exprimes à l'oral. Dès qu'on passe sur un clavier, on a tendance à utiliser des mots complexes ou des tournures de phrase alambiquées. Le plus dur, c'est de rester simple ! Pourtant, c'est ce qui fonctionne le mieux.

Pour vérifier que tu rédiges de manière naturelle, voici une astuce infaillible : relis tes textes à voix haute. Tu remarqueras tout de suite si c'est fluide... ou si un passage accroche l'oreille.

UNE LÉGENDE QUI ATTIRE L'ATTENTION

Quand tu scrolles sur les réseaux sociaux, ton attention est sollicitée de toutes parts. Il y a tant de contenus tout frais sur ton écran ! Pourtant, choisir ce que tu vas lire ne te prend que quelques millisecondes. Quand tu prépares tes posts Instagram, souviens-toi de cette expérience utilisateur. Mets-toi à la place d'un visiteur, submergé par toutes les informations à sa portée. Et demande-toi ce qui le poussera à te consacrer son temps et son attention plutôt que d'aller voir ailleurs.

Ces publications qui t'ont demandé du travail, tu veux qu'elles soient vraiment lues ! Ton but : recevoir un maximum de clics sur le lien **Suite**.

5 tips pour attirer (et retenir !) les lecteurs sur tes posts

Les premiers mots de ta légende sont donc décisifs pour augmenter la visibilité et l'engagement sur tes posts.

Alors, pour accrocher tes lecteurs :

- **Pose une question qui concerne leurs problématiques du moment :** tu crées ainsi une connexion émotionnelle immédiate avec eux. En plus, tu montres que tu as bien compris ce qui compte pour eux.
- **Joue la carte de l'humour :** une petite blague, un jeu de mots ou une punchline inattendue. Si tu fais rire tes followers, c'est dans la poche : ils seront curieux de lire le reste de ton post.
- **Utilise une citation :** choisis une phrase qui fait réfléchir, en lien avec ton sujet. Si elle provient d'un personnage célèbre, tu joues aussi sur l'argument d'autorité (pour encore plus d'effet).
- **Commence ton post par un chiffre impressionnant :** par exemple une statistique improbable (mais vraie !). En créant un effet de surprise, particulièrement accrocheur, tu donnes tout de suite envie d'en savoir plus.
- **Amuse-toi avec la forme :** les majuscules, les onomatopées, les emojis et la ponctuation sont tes alliés ! Pense à les utiliser pour attirer l'attention.

CHOISIR UN APPEL À L'ACTION EFFICACE POUR CONCLURE TES POSTS EN BEAUTÉ

Quand tes followers découvrent tes posts, que veux-tu qu'ils en retiennent ? Et lorsque de nouveaux visiteurs lisent tes contenus jusqu'au bout, as-tu réfléchi à ce qui se passe ensuite ?

C'est pour ça qu'il est primordial de soigner tes conclusions. Voici une recette simple et efficace : un court récapitulatif de ton sujet pour résumer les points à retenir + un appel à l'action (incontournable) à choisir en fonction de tes objectifs.

Si tu souhaites créer un espace propice aux échanges, pose une question en lien avec ton sujet pour inciter tes lecteurs à commenter. Demande-leur de partager leur avis, leur expérience... et surtout réponds à leurs commentaires. Au moins avec un smiley, pour les remercier ! Ceci montre que tu es réactif·ve et attentif·ve, une excellente manière de renforcer ta communauté. Tu peux aussi tester d'autres pistes :

- Pour obtenir plus de visites sur ton site / blog / ta boutique en ligne, incite à cliquer sur le lien dans ta bio.
- Pour agrandir ta communauté, recommande aux nouveaux lecteurs de s'abonner à ton compte.
- Pour offrir davantage de visibilité à ton post, demande à chacun·e de le repartager en story.

Rappelle-toi : un seul appel à l'action suffit, alors choisis-le soigneusement. Si tu en proposes plusieurs, tu risques de disperser l'attention de tes lecteurs : faut-il liker, enregistrer le post, ou cliquer sur le lien dans ta bio ? Plus tu définis clairement tes priorités, plus ton appel à l'action sera efficace.

Enfin, réfléchis bien à la formulation : « Clique sur le lien dans la bio » n'a rien à voir avec « Clique sur le lien dans la bio pour découvrir 5 astuces qui te feront gagner un temps fou ! ». Devine lequel convertit le plus de lecteurs...

Maîtriser les hashtags

Les hashtags : vaste sujet ! La plupart des nouveaux visiteurs arriveront sur ton post, puis sur ton profil, parce que l'un des hashtags de ta publication correspond à leur recherche. D'où l'importance de bien réfléchir à la question.

- Bon à savoir -

Tu peux insérer 30 hashtags (maximum) dans chacun de tes posts. Plutôt à l'intérieur de la légende, ou dans les commentaires ? C'est à toi de choisir !

Dans tes stories, la limite est fixée à 10 hashtags - dont 1 cliquable, grâce au sticker dédié.

Réfléchis à ta stratégie de hashtags pour attirer un maximum de nouveaux visiteurs. Mets-toi à leur place : que pourraient-ils taper dans le moteur de recherche de l'application ? Un mot-clé descriptif, qui fonctionnerait parfaitement sur Google, n'a pas forcément la même portée sur Instagram.

Par exemple, dans le domaine du sport : le hashtag #exercicemusculation renvoie 1500 résultats, en revanche le hashtag #afondlaforme dépasse les 18 000 publications.

Avec les hashtags, impossible de te reposer sur tes lauriers. En effet, une recherche régulière de hashtags intéressants te permet de renouveler les listes de mots-clés que tu utilises dans tes posts, histoire de rester toujours le plus pertinent possible.

En étudiant les variantes disponibles, tu peux également découvrir de nouvelles communautés potentiellement intéressées par tes contenus. N'oublie pas : les hashtags de niche (au nombre de posts associés plus réduit) peuvent te réserver des surprises intéressantes et te faire découvrir de nouvelles opportunités.

- A tester -

Tu perds du temps à rechercher des nouveaux hashtags à chaque fois que tu publies ? Ou alors tu copies-colles la même liste d'un post à l'autre ?

Ce sont les deux extrêmes... mais il existe un juste milieu. Sur ton smartphone, enregistre deux ou trois listes d'une quinzaine de hashtags que tu pourras facilement retrouver, mélanger et ajuster en fonction de tes publications.

Même si tu n'utilises pas souvent le moteur de recherche d'Instagram pour découvrir de nouveaux hashtags, sache que beaucoup d'utilisateurs·trices sur la plateforme le font et ont hâte de découvrir ton contenu. Le premier levier pour générer du trafic et éblouir Instagram avec ton contenu, c'est donc l'utilisation intelligente des hashtags ! Rien de tel pour passer d'un compte avec peu d'interactions à un compte engageant, visible et actif.

Comment les trouver, ces fameux hashtags ? Et surtout, comment les choisir ? Pour que ton post ou ta story soient découverts par le plus grand nombre, tes hashtags doivent être à la fois populaires... et cohérents avec ton contenu, comme avec la cible que tu vises. Il existe plusieurs méthodes pour trouver les hashtags qui fonctionnent.

LE MOTEUR DE RECHERCHE D'INSTAGRAM

Pour les choisir, tu peux te servir du moteur de recherche proposé par Instagram. En tapant un mot-clé relatif à ton secteur et en appuyant sur l'icône #, l'application génère une liste de hashtags correspondants à ta requête et contenant ton mot-clé. En cliquant sur l'un de ces hashtags, Instagram continue à te faire des suggestions étendues ! C'est sans fin, mais très utile pour trouver de l'inspiration.

LES HASHTAGS UTILISÉS PAR D'AUTRES COMPTES

Prends le temps d'aller voir ce que font les personnes qui t'inspirent, et dont les contenus te paraissent toujours bien visibles : si leurs hashtags correspondent à ton secteur d'activité ou celui de tes client·es, alors intègre-les à ta liste... et fais le test !

UN OUTIL BIEN PRATIQUE : *ALL HASHTAG**

Cet outil en ligne (gratuit) génère une liste de hashtags à copier-coller pour te faciliter la vie. A utiliser sans modération ! Attention, il fonctionne uniquement en anglais... mais ses suggestions peuvent tout de même t'ouvrir des pistes intéressantes. Ainsi, en fonction du mot-clé que tu entres dans le moteur de recherche, tu pourras obtenir :

- 30 des meilleurs hashtags en lien avec ta requête [top].
- 30 hashtags au hasard sensiblement inspirés par ton mot-clé [random].
- 30 hashtags qui fonctionnent en live, en ce moment même [live].

- A retenir -

Effectue une rotation de tes hashtags à chaque publication afin de ne pas utiliser systématiquement les mêmes, dans un ordre identique : c'est très mal vu par l'algorithme !

L'objectif étant de maximiser la visibilité de ta publication, les catégories de hashtags suivantes pourront te servir de source d'inspiration.

* cf. Outils pratiques p.118

Inspiration Hashtags

- Signale ta présence aux communautés Instagram de ton domaine d'activité, avec des hashtags comme #instachef ou #instaentrepreneur.

- Utilise des hashtags pour spécifier ton domaine d'activité : plutôt #architecte ou #architectedinterieur ?

- Tu peux également opter pour des hashtags qui décrivent ton produit / service, par exemple : #bijoufaitmain, #massagebebe, #formationenligne.

- Et ces petites expressions parfaitement en lien avec ce que tu fais : #biendanssatete, #envoituresimone... dommage de s'en passer !

- Sur Instagram, tu peux géolocaliser tes publications... et utiliser en plus quelques hashtags pertinents : #fabriqueenfrance, #parisvibes, #labretagnecavousgagne.

- Après l'espace, le temps : pense aux saisons, aux événements spéciaux qui rythment l'année. Utilise des hashtags comme #automnehiver, #14juillet, #journeedelaterre ou encore #vendredilecture, #mardiconseil.

- Enfin, pour une touche plus visuelle, pense aux hashtags emojis !

Essaye de mélanger des hashtags de chaque catégorie dans tes publications pour toucher différentes communautés, et accroître ta visibilité. La limite de 30 hashtags par post offre de la marge pour tester des options variées.

Stories

Les stories sont excellentes pour booster la visibilité de ton compte, et obtenir de l'engagement en communiquant d'une manière plus fun, plus spontanée... puisqu'elles disparaissent au bout de 24H. Tout le monde s'en sert : ce n'est pas pour rien !

Comment te servir des stories de manière stratégique pour ton entreprise ? Tout d'abord, rappelle-toi que les utilisateurs adorent les visionner. En plus, les créer est devenu un jeu d'enfant ! Et puis elles te permettent d'être plus détendu·e par rapport aux contenus publiés puisqu'ils disparaissent au bout de 24 heures.

Comment peux-tu utiliser du contenu normalement éphémère pour promouvoir ta marque et gagner des client·es ? C'est précisément parce que la durée de vie de ton contenu est limitée que la curiosité des tes followers sera stimulée... et qu'ils auront envie de le découvrir. Encore faut-il leur proposer du contenu attractif pour ne pas les voir détaler en cours de visionnage !

Quelques conseils pour optimiser tes stories :

- **Choisis une esthétique pour créer des stories en accord avec l'univers de ta marque :** pour cela, tu peux utiliser de nombreuses applications dédiées (par exemple, Canva).

- **Crée ensuite plusieurs modèles qui te serviront de base pour tes stories :** tu pourras ainsi les utiliser de façon à diviser ton temps de création par deux (au moins !).

- **Ajoute quelques-uns des stickers proposés par Instagram pour booster ta visibilité :** en particulier les stickers de ***localisation, de mention et de hashtag****.

- **D'autres stickers te permettent d'interagir avec ton audience :** utilise-les sans modération ! Surtout les stickers ***sondage, emoji slider, quizz, question, et ajout perso****.

- **Enfin, évite de publier 50 stories par jour :** quand c'est trop long, tes followers ont tendance à zapper tes dernières stories et cela donne un mauvais signal à Instagram. 10 par jour, c'est déjà très bien (même s'il n'y a aucune règle figée à ce sujet) !

Tu te demandes ce que tu pourrais poster dans tes stories ? Voici quelques idées à tester :

- **Partage un tutoriel :** filme-tes explications en live, puis republie ta vidéo en story. Tu peux aussi prendre chaque étape en photo et rajouter quelques explications dans l'éditeur de stories. C'est efficace car on aime tou·tes découvrir de nouvelles astuces et manières de faire.

* cf. Glossaire p. 114

- **Enregistre une courte vidéo pour montrer ton bureau ou ton atelier :** c'est toujours cool de découvrir les coulisses d'une marque. Ton plan de travail est bien rangé, ou des piles de dossiers s'entassent sur la table ? Ton bureau reflète ta personnalité et permet de mieux te connaître.

- **Relaie tes échanges en DM :** si tu réponds toujours aux mêmes questions par message, publie en story une capture d'écran de ces interrogations en y apportant tes réponses. Même réflexe pour les avis positifs : c'est une excellente manière de faire la promotion de ta marque.

- **Lance une story nostalgie :** le premier logo que tu as utilisé aux débuts de ton activité, les prototypes de tes produits phares, tes anciens locaux... idéal pour montrer tout le chemin parcouru.

- **Demande l'avis de ta communauté sur un sujet en lien avec ta marque :** si tu hésites entre deux projets à développer, si tu as besoin d'aide pour choisir une couleur... implique tes followers, ils seront ravis de t'aider !

- **Partage un post auquel tu as envie d'offrir davantage de visibilité :** il peut s'agir d'une publication que tu viens de mettre en ligne, ou d'un ancien post que tu as envie de remettre en avant. N'oublie pas d'inclure un appel à l'action, par exemple pour demander aux lecteurs de te partager leur expérience en commentaire.

- A tester -

Parfois, certaines de tes stories rencontrent un succès particulier. Dans ces cas-là, c'est dommage qu'elles ne soient visibles que 24h. Comment prolonger leur durée de vie et capitaliser sur cette popularité ? Deux ingrédients principaux pour cette recette de longévité : le partage d'une story en post, ou l'ajout dans tes stories à la une.

Comment partager une story dans un post ? Commence par ouvrir ta story en cours, ou retourne dans tes archives. Choisis le visuel qui t'intéresse, et clique sur les 3 petits points en bas à droite avec la mention « Plus ». Maintenant, sélectionne l'option « Partager dans une publication ». Te voilà dans l'éditeur de posts ! Edite l'image comme tu le souhaites et rajoute une légende avant de la poster.

Seul inconvénient : cette méthode t'oblige à choisir une seule image, alors que ta story en comporte peut-être plusieurs.

Deuxième option : affiche une *story à la une** sur ton profil. La méthode : ouvre une story, en cours ou archivée. Clique sur le petit cœur en bas à droite : « A la une ». Choisis une catégorie existante, ou ajoutes-en une nouvelle. A reproduire autant de fois que nécessaire pour afficher toutes les images de ta story. Elle est maintenant disponible juste en dessous de ta bio, pour une durée illimitée.

* cf. Glossaire p. 114

Vidéo : le format incontournable

Le format vidéo a de très beaux jours devant lui sur Instagram. L'apparition des Reels en novembre 2020 l'a confirmé : cette plateforme n'est plus une simple application de partage de photos. Alors s'il y a bien un format que tu dois t'approprier sur cette application, c'est celui-là. Qu'elles prennent la forme de stories, de Lives ou encore de Reels, tes vidéos pourraient bien faire la différence. Et apporter un bonus de visibilité non négligeable à ton compte.

ZOOM SUR LES REELS

L'un des principaux avantages des Reels ? Contrairement aux stories (réservées à tes followers), tout le monde peut les voir. Quoi de mieux pour toucher une nouvelle audience ? Tes créations peuvent s'afficher dans l'onglet Reels, dans l'Explore Page ET dans les résultats de recherche liés à un hashtag précis. Ne te prive plus d'une telle visibilité ! Voici quelques astuces pratiques pour réussir ton prochain Reel :

- **Accorde-toi un temps de recherche et d'inspiration :** cela te permet de voir ce que proposent les autres comptes dans ton domaine d'activité. Quels sont les types de contenus les plus populaires, les effets les plus utilisés ? Est-ce spontané ou planifié ? Funky ou minimaliste ? Découvre ce qui fonctionne le mieux, et note les idées qui te plaisent.

- **Glisse-toi dans la peau d'un·e réalisateur·trice :** la durée d'un Reel ne peut pas dépasser 60 secondes, mais les options disponibles permettent de créer un véritable mini-film. Tu peux utiliser des filtres et des effets spéciaux, combiner plusieurs vidéos en toute fluidité, et ajouter du texte. Pour tirer le meilleur parti de toutes ces fonctionnalités, l'idéal reste de planifier ton Reel en avance. Tu peux même créer un story-board en amont pour ne rien oublier.

- **Ajoute toujours un appel à l'action dans ta vidéo avec l'outil texte :** la plupart des personnes ne prêtent pas attention à la légende du Reel (assez peu visible). Alors énonce clairement tes attentes : un like, un commentaire, un clic sur ton site...

FOCUS SUR LES LIVES

Chaque compte animant un Live peut inviter 3 personnes à le rejoindre. Une bonne manière d'engager un vrai dialogue, réaliser une interview, lancer un débat animé... autrement dit, une option importante pour celles et ceux qui n'avaient pas envie de monologuer devant leur smartphone. Et pour les instagrammeurs·ses qui redoutent les blancs pendant une intervention en direct !

La bonne nouvelle : cette option multiplie les possibilités en matière d'animation. Mais aussi d'audience : à chaque fois qu'un·e participant·e rejoint le Live, toute sa communauté reçoit une notification.

Créer du contenu vidéo sans prise de tête

Concrètement, comment tirer parti de ces opportunités ?

- **C'est une bonne façon de mettre un produit en avant :** demande à plusieurs personnes d'en faire la démonstration, dans des conditions d'utilisation différentes. Une preuve par l'exemple de la qualité / solidité / efficacité... de tes produits.

- **Organise des sessions de table-ronde consacrées aux sujets qui intéressent ta communauté :** plus besoin de basculer sur un autre outil de visioconférence ! Bonus : tous ceux qui assistent au Live peuvent envoyer leurs questions aux intervenant·es en direct.

- **Propose à ta communauté d'assister à un atelier ou un cours à distance :** par exemple, on peut imaginer une session où les animateurs s'adressent à des groupes de niveau différents et leur proposent des variantes !

- **Pour un côté plus fun, tu peux organiser un jeu (par exemple un quizz) avec quelques-uns de tes followers :** imagine que tu co-animes un Live avec un·e autre instagrammeur·se. L'un·e de vous anime le jeu en posant des questions et en comptant les points des participant·es, grâce aux réponses s'affichant en direct. L'autre détaille les bonnes réponses, et apporte des éléments de contexte historique ou d'actualité. A la clé (c'est en option) : le / la participant·e avec le plus de bonnes réponses remporte un petit cadeau !

- A tester -

PROGRAMMER UN LIVE

Tu as la possibilité d'annoncer un Live jusqu'à 3 mois en avance, grâce à un post dédié qui apparaît sur ton feed. Au lieu de démarrer un Live immédiatement, tu peux sélectionner le bouton « Programmer » dans l'éditeur. Indique le titre de ta vidéo ainsi que la date et l'heure de début. Puis clique sur le bouton « Partager en tant que publication ». Ensuite, à toi de configurer ton post normalement. La seule différence : les visiteurs pourront cliquer sur la date de ton prochain Live indiquée sur l'image du post pour recevoir une notification... et être au RDV ! Un rappel leur sera envoyé la veille, puis le jour même (15 min. avant le début du Live).

S'ENTRAÎNER EN CONDITIONS RÉELLES

Il n'y a pas de secret : c'est en s'entraînant qu'on acquiert vraiment la maîtrise d'un outil ou d'une technique. C'est valable pour les Lives aussi ! Depuis l'éditeur, au lieu de lancer directement un Live, tu peux désormais cliquer sur le bouton Audience et choisir le mode « Essai ». Grâce à cette option, tu peux t'entraîner en solo ou avec les personnes de ton choix, avant de faire le grand saut ! Parfait pour tester la qualité de ta connexion et du son, la luminosité, choisir un fond adapté...

- Bon à savoir -

INSTAGRAM VIDÉO (60 minutes maximum) :

- Le + : de nouvelles fonctionnalitéssont disponibles, comme les filtres, la possibilité de sélectionner une partie seulement de la vidéo téléchargée, le tag des lieux et des comptes.
- A retenir : la longueur de l'aperçu des vidéos visibles sur le feed est de 60 secondes.

STORIES (15 secondes maximum) :

- L'astuce à connaître : pense à ajouter des stickers pour booster leur engagement et leur visibilité.

LIVES (4 heures maximum) :

- A retenir : tu peux inviter jusqu'à 3 autres comptes à participer à ton Live.

REELS (60 secondes maximum) :

- Le + : c'est le format le plus poussé en termes d'édition de vidéo et de montage, directement dans l'application.
- A retenir : pensés pour concurrencer Tik Tok, les Reels sont vraiment mis en avant par l'algorithme.

Décoder tes statistiques

Instagram mesure tout, ou presque ! Or ces indicateurs sont particulièrement précieux : ils peuvent t'ouvrir de nouvelles perspectives pour tes futures publications. Surtout si tu ne t'intéresses qu'aux likes (pour le moment) ! Voici comment tirer le meilleur parti de tes statistiques.

Toi qui passes (un peu ou beaucoup) de ton temps sur Instagram, comment sais-tu si ton travail sur l'appli porte ses fruits ? Et plus généralement, si tes actions sont efficaces sur les réseaux sociaux ?

Certains indicateurs donnent des informations précieuses pour définir tes contenus et orienter ta stratégie de présence sur ces plateformes. Voici plusieurs critères auxquels tu devrais prêter attention :

- **Le nombre de followers :** évidemment, c'est le premier point auquel on pense. Cet indicateur principal attire tout de suite le regard. Tu peux l'utiliser pour te comparer aux autres comptes dans le même domaine d'activité que toi. Mais le plus pertinent consiste à s'en servir comme point de comparaison… par rapport à toi-même. En fait, ce chiffre n'a de signification que s'il tient compte de ton évolution sur une période donnée. Et surtout, pour lui donner vraiment tout son sens, il faut le mettre en rapport avec un second indicateur.

- **L'engagement :** les likes, les partages, les enregistrements, les commentaires et les DM sont facilement quantifiables. En effet, sur Instagram, ces chiffres sont affichés ou affichables en un clic pour chacune de tes publications (posts, stories, Lives, etc.). A noter : cet engagement peut être positif ou négatif (dans le cas des commentaires et des DM, par exemple). A toi de tenir compte de ces retours, puisque ces feedbacks peuvent s'avérer importants pour ton activité.

- **La visibilité de tes publications :** pour cela, tu peux consulter la couverture et les impressions.

- Bon à savoir -

IMPRESSIONS & COUVERTURE : QUELLE DIFFÉRENCE ?

La couverture affiche le nombre de comptes qui ont vu ton post. Tandis que les impressions correspondent au nombre de fois total où ton post a été affiché. Ce chiffre est généralement plus élevé que la couverture, parce qu'un même compte peut voir ton post plusieurs fois. C'est donc la couverture qui est la plus significative : elle t'informe du nombre exact de personnes que tu as touché grâce à ta publication.

Pour évaluer la performance de ton post, consulte ses statistiques 2 ou 3 jours après sa parution. En cliquant sur **Voir les statistiques,** tu obtiendras le nombre de vues mais aussi le détail des actions effectuées grâce à ton post : nombre de visites sur ton compte, clics sur ton site... et le nombre de nouveaux abonnés. Parfait pour identifier ce qui fonctionne ou non.

Tu pourrais avoir des surprises : par exemple un post avec peu de commentaires, mais enregistré par de nombreuses personnes. Cela signifie que ton contenu a été jugé suffisamment intéressant pour être sauvegardé. Mais tu ne t'en apercevras que si tu regardes le petit compteur en dessous de l'icône **Bookmark**.

Enfin, identifie le bon moment pour publier grâce à la rubrique **Audience** dans le menu **Statistiques**. Tu peux consulter les jours / heures de présence de ton audience sur Instagram. Assure-toi que tes followers soient présents sur l'application au moment où tu postes.

- A tester -

Chaque mois, analyse ton compte Instagram. Cela te permettra de savoir précisément :

- **Quels sont les contenus qui t'apportent le plus de visibilité chaque mois.**

- L'impact de ta stratégie Instagram sur ton business global quand les visiteurs cliquent sur ton lien, t'écrivent ou t'appellent via Instagram.

Voici les éléments à surveiller :

- Les types de publications qui génèrent le plus d'engagement (likes, commentaires) sur ton compte.
- Le nombre de personnes qui ont cliqué sur le lien présent dans ta bio.
- Les types de publications qui t'ont amené le plus de nouveaux followers.
- La provenance des personnes ayant vu tes publications, de tes hashtags, de ta communauté, d'une mention.
- Les jours et les heures où ton audience est la plus connectée.
- Le nombre de personnes qui ont cliqué sur « Email » ou « Appel » dans ta bio.

Interactions et engagement

On a tendance à l'oublier, mais l'algorithme d'Instagram a été pensé par et pour des humains. Or ce qui nous caractérise, c'est le désir d'interagir avec les autres. Tu aimes certainement rencontrer de nouvelles personnes, échanger des idées, partager tes connaissances. Tant mieux, parce que ça marche aussi sur Instagram ! Et c'est un excellent moyen de faire plaisir à l'algorithme. Il s'assurera que les publications qui suscitent de l'engagement soient diffusées plus largement, et restent affichées plus longtemps.

Pour commencer sur de bonnes bases, voici plusieurs astuces qui boosteront ton engagement à coup sûr :

- **Dans tes publications, pose des questions et demande l'avis de tes followers :** exploite tout le potentiel des stickers pour impliquer ta communauté ! Si tu veux obtenir des réponses détaillées, le sticker Question est fait pour toi. Si tu as envie de tester les connaissances de tes followers, le Quizz est top. Sinon, tâte le terrain avec un Sondage tout simple qui fait toujours son petit effet.

- **Réponds aux commentaires postés sur tes publications :** l'algorithme détermine le succès de tes contenus en analysant l'engagement dès leur publication. En répondant à chaque commentaire, tu doubles leur nombre : c'est mathématique.

En plus, tu montres que ces avis t'intéressent : tu instaures donc un climat de confiance à long terme. D'ailleurs, tes réponses aux commentaires peuvent être tournées de façon à poser une question. L'objectif : poursuivre un réel échange avec tes followers. Même chose pour les DM que tu reçois. Intéresse-toi aux questions et aux remarques, creuse le sujet, bref : échange !

- **Prends le temps de trouver, de suivre et d'interagir avec des comptes qui t'intéressent :** quand tu remarques une publication qui t'interpelle, qui te touche ou qui te plaît visuellement, alors like-la, partage-la, commente-la. Bref : engage-toi ! Tu seras surpris des retours que tu obtiendras. Si tu passes beaucoup de temps à alimenter ton compte, mais peu de temps sur celui des autres : balade-toi sur ton feed, et utilise la recherche pour suivre de nouveaux comptes.

- **Fixe-toi une routine :** par exemple, prends 15 minutes par jour dans les transports en commun,avant d'arriver au travail, pour interagir avec les nouvelles publications sur ton feed.

- A tester -

As-tu déjà pensé à liker non pas les posts eux-mêmes, mais les commentaires que d'autres personnes ont laissé sur ces posts ? C'est un excellent moyen de manifester ton intérêt. Voilà un petit truc bien pratique pour te faire remarquer, et inciter ces instagrameurs·ses à visiter ton compte. S'ils et elles apprécient ton feed, c'est dans la poche !

- **Lance un Live pour dialoguer en temps réel avec ta communauté :** en posant des questions face à la caméra, tu reçois immédiatement des réponses. Tu peux même inviter tes followers à participer grâce au partage d'écran. Pense à prévenir tes abonné·es quelques jours avant, pour qu'ils / elles puissent être présent·es sur Instagram au moment de ton Live.

- A retenir -

Il est important d'explorer ce que les autres instagrameurs·ses ont à offrir. Encore plus quand on lance son business : si tu es entrepreneur·se, tu sais que la liberté s'accompagne parfois de doutes et de solitude. Or la richesse d'Instagram repose aussi sur ses communautés.

Autorise-toi à entrer en contact avec d'autres comptes, à poser des questions et à envoyer des messages. Les échanges passent peut-être par l'écran de ton smartphone, mais la bienveillance est réelle. Si tu t'impliques, si tu prends l'initiative d'engager un dialogue avec les autres, tu pourrais bien trouver le soutien dont tu as besoin.

Une pratique à éviter : il est parfois tentant de considérer Instagram comme ton propre média. Un panneau d'affichage géant consacré à ton actu, tes produits ou tes objectifs. Encore aujourd'hui, certains comptes publient systématiquement des contenus de type : « Notre nouveau produit vient de sortir ! Venez vite l'acheter ! ».

Évidemment, ça demande moins de travail que d'engager un vrai dialogue avec tes followers et visiteurs. Le revers de la médaille ? Moins d'interactions, d'engagement, de passage à l'action (inscription à ta newsletter, achat sur ta boutique en ligne...).

La raison d'être des réseaux sociaux, c'est la conversation. C'est facile de l'oublier dans une période où, parfois, les échanges tournent rapidement au crêpage de chignon.

Se poser en expert·e dans ton domaine est une première étape indispensable sur Instagram. Mais comment susciter un réel engagement si tu ne donnes jamais la parole à tes followers ? Si tu ne montres pas que tu as compris leurs problèmes, leurs envies, leurs besoins ? Si tu n'essayes pas vraiment de leur apporter ton aide, ton soutien au quotidien ? Alors pour construire un climat de confiance :

- Intéresse-toi à ta communauté en lui posant des questions. Donne à tes followers la possibilité d'exprimer leurs opinions, leurs préférences.
- Met en avant leurs réponses : avis, témoignages... leur expérience est précieuse. En leur offrant une plateforme pour s'exprimer, tu montres que tu t'intéresses sincèrement aux membres de ta communauté.
- Prends le temps de répondre à tous·tes celles et ceux qui viennent te parler (en DM, dans les commentaires, et sur le web en général). Remercie-les pour leurs questions, leur implication.
- Quand tu parles de tes produits, va plus loin qu'un simple descriptif technique. Montre de quelle manière ils pourront aider tes followers à résoudre leurs problèmes.

Maximiser ta visibilité

D'un côté, les utilisateurs d'Instagram sont nombreux et publient énormément de contenu. De l'autre, tes lecteurs n'ont que 24h dans leur journée... et des exigences professionnelles et personnelles ! Alors comment t'assurer que tes publications soient vues ?

Quand tu publies un post, partage-le tout de suite dans une story. Tu peux t'en servir comme teaser pour inciter ceux qui la regardent à aller voir ton post ou ton compte. Mais aussi à liker et à commenter. Cette méthode te permet d'accroître la visibilité de ta publication.

Avant d'acheter un objet ou de visiter un endroit, nous avons tous pris une habitude : consulter les avis et témoignages des personnes qui ont déjà fait cette expérience. C'est un levier extrêmement puissant pour toutes sortes de business. Alors toi aussi, pense à utiliser le pouvoir des témoignages pour mettre ta marque en valeur sur Instagram ! Incite tes client·es à t'envoyer leurs avis, puis intègre-les sur ton compte : dans tes posts, tes vidéos, tes stories et stories à la une.

Si tu as la chance de pouvoir compter sur des ambassadeurs·drices parmi ta communauté, n'oublie pas de les mettre en avant sur ton compte Instagram pour les remercier. Un partage, une story avec une mention : ça fait toujours plaisir ! Ces petits gestes montrent que tu apprécies leur implication.

- A tester -

Utilise toutes les autres plateformes à ta disposition pour réorienter les visiteurs vers ton compte Instagram. Si un·e lecteur·rice revient visiter ton blog à plusieurs reprises parce qu'il / elle apprécie tes articles, assure-toi de l'inviter à te rejoindre sur Instagram ! Et surtout, fais en sorte que le lien vers ton compte soit bien visible. Pour lui donner envie de te rejoindre sur ce réseau social, explique ce que tu apportes à celles et ceux qui te suivent aussi sur cette application.

Nouer des partenariats

Si tu es influenceur.se, si tu veux le devenir, ou si tu cherches à créer des collaborations, voici quelques informations qui devraient t'intéresser. Car à l'avenir, les publications sponsorisées sont appelées à se multiplier.

Pour commencer, dis-toi bien que les partenariats avec les marques ne concernent pas que les influenceurs·ses aux millions de followers. Certaines marques préfèrent s'associer avec des comptes aux audiences plus petites, mais aussi plus engagées : les micro-influenceurs. Ces comptes remportent haut la main le match de l'engagement ! En particulier ceux dont la communauté n'excède pas les 25 000 followers.

La qualité prime sur la quantité : les audiences plus réduites sont aussi les plus susceptibles d'être vraiment fidèles et prêtes à interagir. Alors si tu veux mettre ta marque en avant, ne passe pas à côté de cette belle opportunité de partenariat !

Tu présentes un produit que tu apprécies, dont tu te sers au quotidien ? Que ce soit en photo, dans une légende ou en story, pense à tagger la marque sur ta publication. Une mention (bien placée) permet d'attirer l'attention sur tes contenus. Cela montre que tu connais bien ses produits / services, et que tu sais les mettre en valeur.

Envoie un DM aux marques qui t'intéressent. Pas de timidité ! Le pire qui puisse t'arriver, c'est qu'on te dise non (pour le moment). En quelques mots, explique pourquoi tu aimerais nouer un partenariat avec elles. Dis-leur ce que tu apprécies dans leurs produits / services, comment tu t'en sers et depuis combien de temps. Montre-leur ce que tu peux leur apporter avec ton compte Instagram, et quels types de collaborations pourraient t'intéresser.

A l'avenir, de plus en plus de partenariats seront conclus sur le long terme, transformant les influenceurs·ses en véritables ambassadeurs·drices de la marque. La story / le post sponsorisé de manière ponctuelle devrait progressivement laisser la place à de vraies campagnes, créant une relation de confiance sur la durée. Une manière beaucoup plus efficace de convaincre tes followers !

Plus le temps passe, plus les feeds des influenceurs·ses évoluent : moins de perfection, plus d'authenticité ! Ce qui n'est pas pour déplaire à leur communauté. Les visuels impeccables laissent peu à peu la place à des photos plus naturelles.

Ces changements graphiques entraînent avec eux une libération de la parole. L'influenceur·se un peu lisse devient une vraie personnalité qui revendique des valeurs, des choix de vie et des prises de position. Dans ces conditions, un partenariat peut se révéler particulièrement bénéfique pour une marque en quête de crédibilité.

PUBLICATIONS SPONSORISÉES : LES BONNES PRATIQUES

Nombreuses sont les marques qui cherchent à s'associer avec des comptes Instagram pour faire la promotion de leurs produits ou services. Leur objectif : se faire connaître. Nombreux·ses aussi sont les utilisateurs·trices de l'application à rechercher des partenariats avec des marques. Ils / elles y gagnent des produits, un accès à certains services, ou une rémunération.

Il s'agit donc d'un partenariat publicitaire : comme toute publicité, celui-ci doit être annoncé clairement (c'est la loi). Le but n'est pas de prendre tes followers pour des pigeons ! Mais encore aujourd'hui, trop d'influenceurs·ses ne jouent pas la transparence dans leurs publications promotionnelles.

Or c'est plutôt désagréable de s'en rendre compte après coup. Recevoir un produit ou de l'argent pour parler d'une marque sur Instagram, c'est très bien ! Mais quand des stories ou posts sponsorisés ne sont pas assumés par leurs créateurs·trices, cela dessert à la fois la marque et l'influenceur·se. Car la confiance n'est plus au rendez-vous.

Tu as l'opportunité de collaborer avec une marque ? Sois-en fièr·e et dis-le franchement à ta communauté ! Ce n'est pas pour ça que tes followers vont te tourner le dos. Sauf si :

- La marque en question s'éloigne trop de ton domaine d'activité ou ne partage pas tes valeurs.

- Tu passes trop de temps à publier des contenus sponsorisés. Un compte transformé en panneau publicitaire géant, c'est lassant...

- Tu n'annonces pas clairement la couleur. Tes followers vont finir par s'en rendre compte, et personne n'aime être pris pour un·e idiot·e !

En respectant ces quelques règles, et en utilisant des formules du type « sponsorisé par », « offert par », « en partenariat avec »... tu préserves ta crédibilité. Sans oublier ta bonne relation avec tes followers ainsi que la marque que tu mets en avant.

* * *

Insta Hacks

Fonctionnalités méconnues, astuces qui te feront gager du temps... voici quelques techniques à tester, ainsi que des informations intéressantes à garder en tête. Des conseils pour les initié·es d'Instagram !

COMMENT RENDRE TES PUBLICATIONS ACCESSIBLES À TOU·TES ?

Ajoute du texte alternatif pour décrire les images de tes posts. Celui-ci sera retransmis vocalement aux personnes mal- et non-voyantes par les lecteurs d'écran. Pour cela, c'est tout simple : après avoir écrit ta légende, clique sur l'option **Paramètres avancés**. Tu peux ensuite saisir ton texte alternatif. Pour info, celui-ci est limité à 100 caractères. L'idéal, c'est de décrire à la fois ce qui se passe sur l'image, et de donner un peu de contexte (une date, un lieu...).

Propose des vidéos accessibles aux personnes qui entendent mal. Pour commencer, limite les bruits parasites (discussions, circulation...). Si tu intègres de la musique, il faut aussi que l'on t'entende parler clairement. Quand tu t'adresses à tes followers, assure-toi que ton visage soit bien éclairé et que ta bouche soit bien visible car certaines personnes lisent sur les lèvres. L'idéal reste quand même de rajouter des sous-titres, sans forcément faire du mot à mot, mais en retranscrivant ton message principal pour que chacun puisse te suivre.

COMMENT RÉPONDRE À TES DMS PLUS EFFICACEMENT ?

Sur ton ordinateur, tu retrouves tous les messages reçus répartis dans les catégories **Général** et **Principal**. Tu peux donc y répondre avec un vrai clavier, ce qui fait gagner un temps fou !

Sur ton smartphone, configure et utilise les réponses rapides : cette option te permet de sauvegarder des morceaux de texte et t'évite de réécrire sans cesse les mêmes réponses. Le seul pré-requis : posséder un compte professionnel.

Pour t'en servir : ouvre ton menu et clique sur les **Paramètres**. Puis sélectionne la rubrique **Entreprise**. Choisis la section **Réponses rapides**, puis clique sur l'icône **"+"** en haut à droite. Tu peux enregistrer l'ensemble de ton message, ainsi qu'un mot-clé associé. Celui-ci est automatiquement reconnu quand tu l'écris au début d'un message. Fais le test dans tes DM : quand tu le tapes, une petite bulle apparaît dans la fenêtre de réponse. Si tu appuies dessus, tout ton texte apparaît.

Et n'oublie pas : prends quand même quelques minutes supplémentaires pour personnaliser tes DM. Ces phrases sauvegardées te font gagner du temps, mais elles ne doivent pas transformer tes réponses en messages automatiques et impersonnels !

COMMENT SAVOIR SI TON DERNIER POST A ÉTÉ REPARTAGÉ ?

Ouvre-le dans ton application, et clique sur « ... » (en haut à droite). Quelqu'un a partagé cette publication dans l'une de ses stories ? Alors l'option **Afficher les repartages de la story** apparaît.

Depuis cet endroit, tu peux accéder à tous les **Repartages publics actuels** de ton post. Ces partages sont aussi indiqués tout en haut de ta rubrique **Activité** (là où s'affiche le détail complet des comptes qui likent, commentent et mentionnent ton compte). Tu les retrouves dans la section nommée **Stories vous concernant**.

3 BONNES RAISONS D'ÉPINGLER LES COMMENTAIRES

Instagram t'offre la possibilité de mettre en avant 3 commentaires sur chacun de tes posts. Cette mini-punaise, qui te permet d'afficher certains commentaires en premier, peut te servir à atteindre plusieurs objectifs :

- Tes followers apprécient tes produits ? Met en lumière leurs commentaires positifs. Rien de tel que le témoignage valorisant d'un utilisateur pour donner confiance en ta marque... et envie de tester des produits / services. Si d'autres personnes que toi en vantent la qualité, c'est encore plus puissant : alors offre-leur de la visibilité !

- Certains visiteurs n'hésitent pas à partager leur point de vue : leur commentaire incite d'autres personnes à rejoindre la conversation pour échanger sur le sujet. Alors affiche les messages qui suscitent le dialogue tout en haut, pour obtenir des réactions et augmenter l'engagement sur ton post.

- En privilégiant les questions fréquemment posées par ta communauté, tu t'assures que tes réponses soient immédiatement visibles et facilement accessibles. Ceci permet à tes followers d'obtenir des informations fiables.

COMMENT MASQUER LES LIKES SUR TOUS LES POSTS ?

Tu peux choisir de masquer le nombre de likes sur les posts. Les tiens, bien sûr, mais aussi ceux des autres comptes auxquels tu es abonné·e. L'équipe d'Instagram a décidé d'offrir cette possibilité dans le but de proposer une expérience moins chargée en pression sociale sur l'application.

En pratique, comment faire pour ne plus voir le nombre de likes reçus par les autres posts ? Rends-toi sur ton profil et clique sur l'icône **Menu** en haut à droite. Ensuite, ouvre les **Paramètres** puis sélectionne la rubrique **Confidentialité** (avec un petit cadenas). Choisis la rubrique **Publications** : il ne te reste plus qu'à activer ou désactiver l'option **Masquer le nombre de mentions J'aime et de vues**.

Si tu préfères masquer le nombre de likes sur chacun de tes posts, deux possibilités s'offrent à toi :

- Lorsqe tu crées ta publication, suis la procédure habituelle. Au moment d'écrire ta légende, clique sur la rubrique **Paramètres avancés** (en bas de ton écran). C'est là que tu pourras choisir d'afficher ou non le nombre de likes.

- Tu peux aussi revenir sur un post déjà publié. Clique sur les trois petits points en haut à droite, puis sélectionne l'option **Masquer le nombre de mentions J'aime**. Si tu changes d'avis, il te suffit de renouveler l'opération en choisissant **Réafficher le nombre de mentions J'aime**.

Quelques erreurs à éviter

Parmi toutes les actions que tu peux mener sur Instagram, mieux vaut en éviter quelques-unes : voici un tour d'horizon pour conserver un fonctionnement sain.

LE FOLLOW / UNFOLLOW EN MASSE

Cette pratique consiste à suivre plusieurs centaines de comptes Instagram par jour, puis à se désabonner uniquement des personnes qui ne s'abonnent pas en retour. Cela amène beaucoup de followers mais... ce n'est pas qualitatif, c'est de la poudre aux yeux et en plus, Instagram est de plus en plus malin et déteste cela. Tu seras pénalisé·e, voire banni·e à terme ! Il vaut mieux constituer patiemment une tribu d'abonné·es fidèles.

EFFACER UNE PUBLICATION

Surtout juste après l'avoir postée. Evite aussi de modifier des légendes de tes posts pour corriger une coquille. Cela casse ta dynamique, l'algorithme le repère, et te pénalise pour la prochaine fois. Moralité : on planifie à l'avance et on assume même les flops... pendant quelques jours au moins.

DÉSERTER SON COMPTE PENDANT PLUSIEURS MOIS

Passer du « je poste beaucoup » à « je ne poste plus du tout » fait complètement chuter ton engagement. C'est donc une grosse erreur. En réalité, il vaut mieux déléguer au lieu d'arrêter d'alimenter Instagram. Ou adopter un rythme moins soutenu, mais régulier !

CHANGER TA STRATÉGIE DE CONTENU DU JOUR AU LENDEMAIN, SANS TE SOUCIER DE TES FOLLOWERS

Il vaut mieux expliquer tes nouvelles idées, tes nouvelles envies et impliquer ta communauté dans ce processus. Garde en tête que tes followers sont bel et bien réels...

ABUSER DES ROUTINES

Par exemple, liker plusieurs centaines de publications par jour ou en commenter 100 par heure, pour essayer d'avoir des résultats rapidement. Le risque, c'est le "Shadow Ban" (le fait d'être invisibilisé par Instagram). Conséquence : des résultats à la baisse. Tu peux travailler sérieusement sur la plateforme, mais il ne faut pas s'acharner non plus.

ACHETER DES LIKES OU DES ABONNÉ·ES

En termes d'investissement, c'est peu rentable puisque ta communauté n'est pas constituée de personnes réellement intéressées par tes contenus (donc susceptibles de devenir tes client·es). Et en termes d'éthique, c'est plus que discutable.

15 jours pour tout changer

On court tous·tes après le temps. Alors pour rafraîchir ton compte et repartir sur de bonnes bases, voici un programme d'actions à entreprendre un jour après l'autre... pour une transformation efficace et en douceur !

1. **Renouvelle ta photo de profil :** une variante de ton logo, un portrait lumineux et souriant... à toi de choisir.

2. **Affine ta bio :** une courte description qui indique aux visiteurs ce que tu peux faire pour eux + quelques mots-clés + un lien pertinent. Saupoudre le tout de quelques emojis.

3. **Fais le ménage dans tes stories à la une :** si elles s'accumulent depuis de nombreuses semaines, il est grand temps d'enlever celles qui ne sont plus d'actualité.

4. **Organise les posts enregistrés :** classe tous ceux que tu as sauvegardés ces derniers mois dans des albums selon leur thématique, et supprime ceux qui ne t'intéressent plus. Tu t'y retrouves déjà mieux, non ?

5. **Programme des réponses enregistrées :** l'idéal pour traiter plus rapidement tes échanges en DM (**Menu** > **Paramètres** > **Entreprise** > **Réponses enregistrées**). De quoi gagner un temps précieux !

6. Teste un outil de programmation : celui-ci se charge de publier automatiquement tes posts sur Instagram, au jour et à l'heure fixés. Plus besoin de t'en occuper manuellement...

7. Partage tes objectifs pour les mois à venir : en publiant un post / une story / un Reel, tu clarifies ta stratégie pour ton business... et tu t'engages à les tenir, devant tes followers !

8. Fais évoluer l'un des éléments visuels de ta grille : une nouvelle police pour tes carrousels, une nouvelle couleur dominante pour tes posts... un peu de changement, ça fait du bien.

9. Fixe-toi une routine d'interactions avec les autres comptes : surtout, fais en sorte de t'y tenir pendant un mois. Intègre-la dans ton quotidien, par exemple le matin, dans les transports.

10. Désabonne-toi des comptes qui ne t'intéressent plus : tes centres d'intérêts évoluent avec le temps, c'est normal. Les comptes que tu suis devraient refléter cette évolution.

11. Organise tes DM : supprime les conversations terminées et classe les autres messages reçus dans ta boîte principale ou générale. On y voit plus clair, d'un coup !

12. Crée 3 à 5 listes comprenant 20-30 hashtags : garde-les toujours à portée de main (dans une note sur ton smartphone, par exemple). Chaque liste correspondant à l'une des thématiques de ton compte, tu pourras facilement venir piocher les hashtags qui t'intéressent pour les insérer dans tes posts / stories / Reels sans perdre de temps.

13. Teste la version ordinateur d'Instagram : pour répondre aux commentaires, écrire tes réactions sur les posts qui te plaisent, envoyer des DM... un vrai clavier te fera économiser un temps fou !

14. Paramètre les notifications d'Instagram selon tes besoins : tout est réglable, alors profites-en. Plus besoin de subir ce petit bruit agaçant toutes les 5 minutes, surtout pour recevoir des notifications qui ne t'intéressent pas.

15. Ta mission, si tu l'acceptes : planifie TOUS tes contenus du mois prochain. Un petit effort... pour une grande paix d'esprit !

Et si tu faisais souffler
la brise du changement
sur ton compte Insta ?

En conclusion...

Te voilà arrivé·e au bout de ta lecture !

Nous espérons que ce livre t'aide (et t'aidera) à y voir plus clair dans ton usage d'Instagram pour le transformer en réel levier de business. Tu as maintenant la matière nécessaire pour définir une stratégie précise, et être bien présent·e sur ce réseau social passionant !

Il est temps de revenir à la Worksheet (en page 10) pour choisir dès à présent quelques points que tu souhaites faire évoluer en priorité sur ton compte Instagram. Tu pourras refaire de même dans 2 mois et mesurer le chemin parcouru.

Nous te souhaitons une belle réussite sur Instagram.

La suite est entre tes mains...

une belle aventure s'annonce !

Glossaire

Carrousel : type de post* composé de plusieurs photos ou vidéos (10 maximum). Les utilisateurs·trices peuvent consulter l'ensemble des contenus publiés dans un carrousel en les faisant défiler vers la gauche.

DM [« Direct Message »] : message envoyé via la plateforme dédiée d'Instagram, permettant à deux comptes d'échanger en privé.

Feed : ensemble des publications des comptes suivis par un·e utilisateur·rice, qui s'affichent dès l'ouverture de l'application. Il se met à jour automatiquement et propose donc constamment de nouveaux contenus.

Follower : utilisateur·trice de l'application abonnée à un compte. Le nombre de followers correspond au nombre total d'abonné·es : il indique donc la taille de la communauté qui suit ce compte.

Grille : ensemble des posts publiés par un compte, qui s'affichent par rangées de 3 images.

Live : vidéo permettant à un·e instagrameur·se de communiquer en direct avec ses followers*. Grâce à la caméra de son smartphone, il / elle partage un moment d'échange avec ses followers. Ceux-ci peuvent poser leurs questions ou commenter en direct. Un Live peut se réaliser seul·e, ou avec des invité·es : jusqu'à 4 comptes différents peuvent animer un même Live.

Moodboard : composition physique ou virtuelle rassemblant des visuels inspirants (photos, illustrations, pages de magazine, nuanciers, etc.). Celle-ci permet notamment de définir l'ambiance graphique d'un projet.

Post : publication comportant une photo et une légende. Elle apparaît sur la grille*, et reste visible par tou·tes jusqu'à son éventuelle suppression (ou archivage).

Reel : courte vidéo, d'une durée de 60 secondes maximum. Sur le compte, elle s'affiche à la fois dans la grille* et dans une rubrique dédiée. Il est possible de personnaliser les vidéos avec des options proposées par la plateforme : ajout de musique, effets de montage, etc. Les utilisateurs·trices d'Instagram peuvent découvrir les Reels de comptes qu'ils ne suivent pas encore grâce à un onglet consacré à ces vidéos.

Story : image ou vidéo visible pendant 24 heures sur le compte. Celle-ci est ensuite supprimée automatiquement. Il est possible de la personnaliser grâce aux outils proposés par l'application, comme des filtres, du texte ou des emojis.

Story à la Une : compilation de stories déjà publiées, sauvegardées pour rester visibles au-delà des 24 heures normalement prévues. Il est possible de les classer dans différentes catégories, facilement accessibles en haut du compte.

Glossaire

Sticker : élément à la fois graphique et interactif permettant de personnaliser une story*. Voici quelques-uns des stickers proposés par l'application et cités dans ce livre :

- **Ajout perso :** ce sticker incite les personnes visionnant la story à apporter leur contribution de manière visuelle, en partageant à leur tour une image autour d'un thème donné. Une story est alors créée sur le compte de chaque participant·e, avec le sticker d'origine.

- **Emoji Slider :** grâce à cette barre graduée personnalisable, les spectateurs·rices de la story ont la possibilité de partager leur avis de manière plus visuelle. Le compte à l'origine de la story peut leur poser une question spécifique, mais cela reste facultatif.

- **Hashtag :** mot-clé cliquable, qui permet de lier la story aux résultats de recherche correspondant au terme choisi.

- **Localisation :** ce sticker permet de géolocaliser la story, afin de la rendre visible pour les utilisateurs·trices qui recherchent des contenus liés à l'endroit mentionné.

- **Mention :** ce sticker permet de mentionner un autre compte dans la story. En cliquant dessus, les spectateurs·rices basculent automatiquement sur le compte indiqué. De son côté le compte mentionné reçoit une notification, et peut alors relayer la story.

- **Question :** un sticker permettant de demander un avis aux followers, avec une réponse ouverte. Les participant·es peuvent s'exprimer en remplissant le champ de texte grâce à leur clavier.

- **Quizz :** un sticker basé sur une question proposant jusqu'à 4 réponses prédéfinies. Parmi la sélection, le / la créateur·rice de la story doit préciser laquelle est correcte.

- **Sondage :** ce sticker permet de demander un avis aux followers. Pour répondre à la question posée, les spectateurs·rices peuvent choisir entre plusieurs réponses définies lors de la création de la story.

Outils pratiques

Adobe Colors : application web permettant de créer et partager des thèmes chromatiques et des sources d'inspiration.

- color.adobe.com

Adobe Stock : banque de photos, illustrations, séquences vidéos et fichiers audio.

- stock.adobe.com

All Hashtag : générateur de hashtags pour les réseaux sociaux.

- all-hashtag.com

Blog du Modérateur x Swello - Calendrier Social Media : calendrier des principaux événements de l'année.

- Tape dans un moteur de recherche : « BDM calendrier social media »

Canva : outil de design et de publication en ligne.

- canva.com

Evernote : application de prise de notes.

- evernote.com

GoDaddy Studio : outil de design et de création de contenus.

- godaddy.com/fr-fr/studio

Later : planification, prévisualitation et analyse des publications sur les réseaux sociaux.

- later.com

Librestock : banque de photos gratuites et libres de droits.

- librestock.com

Linktree : outil permettant, en un clic, d'orienter les visiteurs vers une sélection de liens rassemblés sur une même page.

- linktr.ee

Pixabay : banque de photos, illustrations, séquences vidéos et fichiers audio. Les ressources proposées sont gratuites et libres de droits.

- pixabay.com

Text Spacer : outil permettant d'ajouter des sauts de ligne dans ses textes (une option indisponible sur Instagram, pour le moment).

- hashtagie.com/instagram-text-spacer

Trello : outil de gestion de projets et d'organisation du travail en équipe.

- trello.com

UnDraw : banque d'illustrations gratuites et libres de droits.

- undraw.co

Unsplash : banque de photos gratuites et libres de droits.

- unsplash.com

Notes

Notes

Un centre de formations en ligne pour les entrepreneur·es qui veulent conquérir le web avec un budget maîtrisé.

Nous suivre sur Instagram :
@hello.someday

Consulter les ressources en ligne et recevoir la newsetter :
https://hello-someday.com

Découvrir nos formations :
https://learn.hello-someday.com

Nous contacter :
coucou@hello-someday.com

Printed in France by Amazon
Brétigny-sur-Orge, FR

16869330R00070